LA PAIX!

ET

PLUS DE GUERRE!

LA PAIX!

ET

PLUS DE GUERRE!

OU

LE CRI DES PEUPLES.

PAX omni anteferenda bono, quæ scilicet omnem Exusperat sensum, et grato sale condit amara.

A LONDRES.

1801.

A PARIS, chez tous les Marchands de Nouveautés.

INTRODUCTION.

Une voix foible et inconnue s'élève; mais elle sera l'interprête de tous les cœurs. Ce cri unanime des hommes vertueux lui donnera peut-être assez de force pour se faire entendre au milieu du bruit des armes, et dans le tumulte des passions. Si elle se taisoit, elle seroit coupable; car le silence qui compromet les intérêts des peuples en leur dérobant les grandes vérités, doit être mis au rang des crimes.

On se persuade communément que la réforme des abus du gouvernement est une chose impossible. La paresse des esprits s'accommode très-bien de cette maxime, et la trouve indubitable; conséquemment fort peu de citoyens, et encore moins les chefs des nations, daignent s'occuper des maux dont ils souffrent également. Que l'homme de bien ne se livre pas à ces idées décourageantes ; qu'il pense aux malheurs de son pays, non pour les augmenter par des troubles, mais pour en chercher les causes, et pour en indiquer les remèdes raisonnables ; c'est-à-dire, compatibles avec le bien de la société. Il faut de la raison, du sang-froid, des lumières et du temps pour réformer un Etat : la passion, toujours imprudente, détruit sans rien améliorer. Les nations doivent supporter, avec longanimité, les peines qu'elles ne peuvent écarter sans se rendre plus misérables. Le perfectionnement de la politique ne peut être que le fruit lent de l'expérience des siècles ; elle mûrira peu-à-peu les institutions des hommes, les rendra plus sages, et dès-lors même plus heureux. Que le bon citoyen communique donc ses idées à sa patrie ; qu'il la console des maux présens par l'espoir d'un avenir plus agréable ; qu'il lui fasse entrevoir, dans cet avenir, des chefs fatigués de leurs tristes folies, et des peuples lassés du joug de l'esclavage : en un mot, qu'il espère qu'un jour les hommes, ennuyés de se laisser guider au hasard, recourront à la réflexion, à la raison, à l'équité, qui suffisent pour mettre fin à leurs calamités.

Des philosophes des différens temps ont eu des opinions bien différentes sur la passion d'instruire leurs semblables. On connoît le mot célèbre d'un ancien : *Frappe ; mais écoute.* Ce n'étoit pas le système de ce philosophe moderne, qui, par une expérience séculaire , avoit acquis le droit de juger les hommes et les évènemens ; on lui a souvent entendu dire : *Si j'avois les mains pleines de vérités , je ne les ouvrirois pas. L'homme n'est pas fait pour connoître la vérité , et l'anathême est prononcé contre celui qui la découvre.* Malgré ces prédictions et ces menaces terribles, opinions peut-être exagérées d'hommes trop sensibles à la contradiction, peut-être aussi résultat juste et profond de la réflexion et de l'expérience, j'ai cru qu'il étoit possible que certaines vérités échappassent à la critique ou à la malignité. Je me suis flatté que la méchanceté la plus ingénieuse ne pourroit jamais persuader que l'assertion que presque toutes les guerres sont inutiles, absurdes, injustes, ou finissent par l'être, fut une proposition mal sonante, impolitique ou séditieuse. J'ai présumé qu'il étoit possible de servir l'Etat sans être accusé de l'offenser. L'idée de contribuer au bien de l'humanité et à celui de ma patrie, cette folie des ames honnêtes, m'a séduit, et je me suis livré à l'impression. Me transportant par la pensée au-delà de mon siècle, éloigné du foyer des passions, et hors de l'arène des différens partis, sans m'embarrasser de convenir à aucune secte politique, je cherche la vérité, et non des rapprochemens et des applications de circonstances.

Quelle sera la destinée de cet ouvrage? Je l'ignore; mais si des vues de bien public peuvent donner droit à l'indulgence, nul ne peut mieux que moi la réclamer. Quel que soit l'événement, si le résultat de mon travail, si cet ouvrage contient quelques vérités utiles, si du moins il sert à donner plus de publicité à celles qu'on avoit trouvées avant moi, et plus encore, s'il peut animer le zèle de quelques-uns de ceux qui commandent aux hommes, j'aurai rempli un devoir de citoyen, et je serai satisfait.

TABLE
DES CHAPITRES.

Fin de la Table.

LA PAIX!

ET

PLUS DE GUERRE!

OU

LE CRI DES PEUPLES.

CHAPITRE PREMIER.

Des malheurs de la Guerre, et des avantages de la Paix.

A PEINE les Sociétés furent-elles formées, à peine jouirent-elles de quelque calme au-dedans, que cessant de s'occuper d'elles-mêmes, elles jettèrent les yeux sur leurs voisins; eurent de la jalousie si elles les trouvoient dans un état florissant; les méprisèrent s'ils leur parurent foibles, et voulurent les piller ou les asservir : de-là les premières guerres; une haine violente, un inestinguible désir de vengeance contre les ennemis de la peuplade en devenoient la conséquence nécessaire, et il s'établit sur la terre une discorde générale et funeste dans laquelle les passions se produisant sous mille formes nouvelles, n'ont cessé de former un enchaînement successif de malheurs.

Comme les hommes en se réunissant en société, n'avoient, à proprement parler, formé qu'une ligue défensive, contre la violence, il était naturel que les peuplades les moins fortes se réunissent encore pour s'opposer à celles qui vouloient abuser de la supériorité que leur donnoient leurs forces. Telle est l'origine des premières alliances.

A cette époque, tout homme qui portoit des armes étoit soldat, celui qui en avoit de meilleures, qui avoit plus d'adresse à les manier, qui montroit plus de vigueur et de force, devenoit nécessairement un chef; mais cette obéissance volontaire n'entraînoit aucune dépendance. Comme il n'étoit pas de dépenses publiques auxquelles les citoyens fussent forcés de contribuer, comme la guerre offensive étoit décidée par le consentement général, ou faite uniquement par ceux que l'amour de la gloire ou le goût du pillage y entraînoit volontairement, l'homme se croyoit libre dans ces gouvernemens grossiers , malgré l'usurpation presque générale des premiers chefs.

Egorger les vaincus et les réduire à l'esclavage , formèrent le seul droit reconnu entre les nations ennemies. Dans la suite des temps , des cessions de territoire , des rançons , des tributs , prirent en partie la place de ces violences barbares.

Les invasions , les conquêtes , la formation des Empires , leurs bouleversemens , vinrent bientôt mêler et confondre les nations , tantôt les disperser sur un nouveau territoire , tantôt couvrir à-la-fois un même sol de peuples différens.

Les nations , occupées des intérêts communs qui les réunissoient, des intérêts opposés qu'elles croyoient devoir les diviser , sentirent le besoin de connoître certaines règles entr'elles , qui même indépendamment des traités , présidassent à leurs relations pacifiques , tandis que d'autres règles, respectées même au milieu de la guerre , en adouciroient les fureurs , en diminueroient les ravages , et préviendroient du moins les maux inutiles.

L'hospitalité et le commerce produisirent même quelques relations constantes, relations que le brigandage et la guerre interrompoient souvent, mais que renouoit ensuite la nécessité, plus forte que l'amour du pillage et la soif de la vengeance.

Il exista donc une science du droit des gens; mais malheureusement on chercha ces lois des nations, non dans la raison et la nature, seules autorités que les peuples indépendans puissent reconnoître, mais dans les usages établis, ou dans les opinions des anciens. On s'occupa moins des droits de l'humanité, de la justice envers les individus, que de l'ambitiou, de l'orgueil ou de l'avidité des gouvernemens.

Mais pourquoi remontai-je au premier âge du monde? Ce qui s'est passé ou ce qui se passe dans notre Europe moderne, indique assez ce qui a dû arriver chez les premiers hommes ; d'ailleurs ce tableau seul est en droit de nous intéresser et il suffit pour nous instruire.

Après tant de siècles de lumière, pendant lesquels les hommes se succédant les uns aux autres dans les recherches les plus ingénieuses et les plus pénibles, ont paru tout tenter, tout examiner, tout perfectionner, jusqu'à la frivolité même, faut-il encore élever cette question ? les hommes sont-ils entre eux dans un état de guerre perpétuelle ? les êtres les mieux organisés n'obtiendront-ils jamais l'avantage dont jouissent les plus viles des brutes, celui de vivre en paix entre eux ? naissent-ils amis ou ennemis les uns des autres ? ils sont amis, l'orsqu'en se prêtant un secours mutuel, ils peuvent satisfaire plus aisément leurs besoins ; ils sont ennemis, lorsque les circonstances établissent une concurrence entre eux, lorsque plusieurs veulent obtenir ce dont un seul peut jouir.

Foibles et insensés mortels que nous sommes ! qui raisonnons tant sur nos devoirs, qui avons tant approfondi notre nature, nos malheurs, nos foiblesses ; qui faisons sans cesse retentir nos places publiques, nos lieux d'assemblées de reproches et de condamnations, nous anathématisons les plus legères irrégularités de conduite, les plus secrettes complaisances du cœur ; nous tonnons contre des vices, contre des défauts condamnables, il est vrai, mais qui troublent à peine la société : cependant quelle voix chargée d'an-

noncer la vertu s'est jamais élevée contre
ce crime si grand, si universel, contre cette
rage destructive qui change en bêtes féroces des hommes faits pour vivre en frères,
contre ces déprédations atroces, contre ces
cruautés qui font de la terre un séjour de
brigandage, un horrible et vaste tombeau.

Voyez cette multitude barbare dont on
se sert pour changer la destinée des empires ; voyez ce soldat arraché de ses campagnes, les quittant par un esprit de dé-
bauche et de rapine ; changeant de maître ;
s'exposant à la peine de mort pour le plus
léger intérêt ; combattant quelquefois contre
sa patrie ; répandant sans remords le sang
de ses concitoyens, et sur le champ du carnage attendant avec avidité le moment où
il pourra de ses mains sanglantes arracher
aux mourans quelques malheureuses dépouilles qui lui sont bientôt arrachées par
d'autres mains.

La violation des traités les plus solemnels,
la bassesse des fraudes qui devancent l'horreur des guerres ; la hardiesse des calomnies
qui précèdent les déclarations ; l'infâmie des
rapines punies par les derniers supplices
dans les particuliers, et louées dans les chefs

des nations. Le viol, le larcin, le sacca-
gement, les banqueroutes et la misère de
mille commerçans ruinés ; leurs familles er-
rantes qui mendient vainement leurpain à la
porte des publicains enrichis par ces dévas-
tations mêmes. Voilà une foible partie des
crimes que la guerre entraîne et ces crimes
sont commis sans remords.

L'Europe a souffert assez de la guerre
pour avoir appris à la détester. Il faut cependant entrer dans le détail de tous les
malheurs qu'elle traîne à sa suite. Le sentiment profond de nos maux peut seul nous
donner l'énergie nécessaire pour y chercher
des remèdes. Cette horrible maladie des
nations est si ancienne et si commune, que
ses symptômes et ses effets ne nous épou-
vantent pas assez. On n'est pas assez effrayé
de cette rage universelle. Si l'univers avoit
été toujours en paix et qu'il arrivât une fois
que deux nations s'assemblassent en armes
l'une contre l'autre, et s'égorgeassent en
bataille rangée, cet évènement étonneroit
la terre entière ; il seroit transmis à la postérité comme une époque à jamais exécra-
ble, comme un monument extraordinaire
de fureur et de démence. Mais quand nous

trouvons dans les annales du monde le récit des destructions et des meurtres, nous lisons l'histoire de nos crimes, et nous n'avons pas le droit de nous indigner de ceux de nos pères.

Il seroit inutile de rapprocher ici sous nos yeux, ces tableaux de carnage et de désolation et toutes les horreurs des combats. Ces peintures devenues vulgaires ne nous touchent plus, et l'humanité semble familiarisée avec l'image de la destruction. Il est des maux de tous les momens qui la frappent davantage. Il y a un état de détresse qui l'accable, un état d'abjection qui l'humilie, un genre de pertes qui fait long-temps saigner notre ame et qui laisse des plaies cruelles et profondes, et ce sont tous ces malheurs que la guerre produit par contre-coup. C'est elle qui arrête le cours des projets salutaires ; c'est elle qui vient dessécher les sources de la prospérité ; c'est elle qui suspend quelquefois jusqu'aux idées de justice et d'humanité ; c'est elle enfin qui substitue à tous les sentimens doux et bienfaisans, l'inimitié, les haines, le besoin d'opprimer et l'ardeur de détruire.

Toutes les classes d'un Etat gémissent plus

ou moins de ce fléau. Le peuple , qui même dans les jours d'abondance et de paix, ne mange qu'au prix de ses sueurs le pain de l'indigence ; le peuple crie que la guerre lui enlève la moitié de cette subsistance modique et pénible.

Que dirons-nous de ces hommes si bienfaisans , qui savent tirer de la terre notre nourriture , et à qui nous arrachons quelquefois la leur. Combien la guerre leur est funeste : la malheureuse nécessité de subvenir aux frais qu'elle entraîne et d'avoir de l'or pour payer le sang , se fait sentir sur-tout à l'indigent cultivateur. Peut-être pourroit-on croire que celui qui nourrit l'Etat devroit être encore dispensé de payer pour le défendre. Qui peut s'empêcher de gémir et d'être pénétré de douleur , en voyant dans les campagnes , l'insuffisance des contribuables pour les impôts dont ils sont grévés à l'occasion des guerres ? Qui pourroit dénombrer les pertes qu'éprouve la population , lorsque l'impossibilité de subvenir aux charges de l'Etat, enlève aux peuples les moyens de se procurer de bons alimens , de bons vêtemens ; les contraint à forcer leur travail , et prive leurs enfans des soins et des dépenses nécessaires pour les élever ? Quiconque s'est donné la peine de chercher les sources du malheur de l'humanité, est témoin de ces faits et garant de ces assertions. Si ces tristes et terribles vérités, si le spectacle de la pauvreté étoit immédiatement placé sous les yeux des gouvernemens, les causes qui déterminent à la guerre, pourroient souvent paroître moins instantes et moins nécessaires.

Mais parmi ceux qui se plaignent de la guerre, s'il en est dont les plaintes aient encore le droit de nous intéresser, ce sont sans doute les commerçans. La guerre arrache de leurs mains les fruits de leur honorable industrie ; elle enchaîne l'activité de leur génie ; elle tarit cette mer de richesses, qui par un flux et un reflux continuels, répand l'abondance dans toutes les parties du monde, et porte en tribut à chaque nation, ce que toutes les autres ont vu naître dans leur sein; les travaux sont suspendus et l'émulation s'arrête. Ces vaisseaux chargés de trésors, qui voyageoient librement sur les mers, ne se rencontrent plus, que pour tonner les uns contre les autres, pour se heurter, pour s'écraser. Les asyles, même du commerce, sont détruits ; et cette destruction souvent funeste à tous les partis , est chantée comme une victoire.

De ces efforts extraordinaires que toute guerre exige , de ces subsides multipliés dont le fardeau écrase la partie la plus pauvre des Etats ; de ces opérations de finance qui produisent quelques fortunes monstrueuses et une pauvreté générale ; de ces ressources que le malheur rend nécessaires, et qui sont pire que lui, de la perte de ces trésors égarés dans les pays étrangers ou accumulés chez quelques heureux calculateurs ; enfin de ce détail immense de désastres particuliers qui échappent et qui se perdent dans le tableau des disgrâces publiques , naît cette langueur secrette , cette maladie interne qui mine et consume les plus grands Etats de l'Europe, et c'est le principe de cette maladie qu'il faut chercher à détruire.

Qui donc faudra-t-il accuser de tant de maux ? Qui peut avoir reçu le droit affreux de donner le signal des meurtres et des ravages ? Ah ! c'est ici qu'il faut gémir ; ce sont ceux mêmes à qui le dépôt de la félicité publique est confié , qui répandent la désolation sur l'univers : il faut des mains puissantes pour ébranler les portes terribles du temple de la guerre qui, si nos vœux étoient exaucés, demeureroient à jamais fermées. Arrêtons-nous un moment sur cette effrayante vérité. Est-ce là ce que nous avons recueilli de tant de lois ? est-ce là l'ouvrage de tant de siècles, le chef-d'œuvre de la société perfectionnée ? Et l'homme qui dans les forêts mourroit du moins à son gré, n'a-t-il rien reçu de tant d'institutions sociales que des chefs pour le conduire à la mort ?

Le despotisme, enfin, est encore le fruit de la guerre et de la conquête. J'entends ici par despotisme, pour le distinguer des tyrannies passagères, l'oppression d'un peuple par un seul homme, qui le domine par l'opinion, par l'habitude, sur-tout par une force militaire, sur les individus, de laquelle il exerce lui-même une autorité arbitraire, mais dont il est forcé de respecter les préjugés, de flatter les caprices, de caresser l'avidité et l'orgueil.

Immédiatement entouré d'une portion nombreuse et choisie de cette force armée, environné des chefs les plus puissans de la milice, retenant les provinces par des généraux qui ont à leurs ordres des portions plus foibles de cette même armée, il règne par la terreur ; et personne dans ce peuple abattu ou parmi ces chefs dispersés et rivaux l'un de l'autre, ne conçoit la possibilité de lui opposer des forces que celles dont il dispose ne puissent écraser à l'instant.

Le tableau des mœurs qu'on observe dans les Empires fondés ou régis par les conquérans, nous présente toutes les nuances de l'avilissement et de la corruption où le despotisme et la superstition peuvent amener l'espèce humaine. C'est-là qu'on voit naître les tributs sur l'industrie et le commerce, les exactions qui font acheter le droit d'employer ses facultés à son gré, les lois qui gênent l'homme dans le choix de son travail et dans l'usage de sa propriété, celles qui arrachent les enfans à la bonté paternelle, les confiscations, les supplices, en un mot, tout ce que le mépris pour l'espèce humaine a pu inventer d'actes arbitraires, de tyrannies légales et d'atrocités superstitieuses.

Les hommes, disent les apologistes de la guerre, les hommes l'ont faite de tout temps : sans doute, et de tout temps encore, les orages ont détruit les moissons ; la peste a fait sentir son soufle empoisonné ; l'intolérance a sacrifié des victimes, et les crimes

divers ont desolé la terre : mais obstiné-
ment aussi, la raison a combattu contre
la folie, la morale contre les vices, l'art
contre la maladie, et l'industrie des hommes contre la rigueur des saisons. Que
des nations barbares et comdamnées à des
privations par leur ignorance, aient été
entraînées vers le pays où les progrès des
arts et la diversité des richesses leur pro-
mettoit des biens inconnus, on conçoit
les motifs de cette invasion; mais aujour-
d'hui que la perfection générale de l'industrie et l'intelligence du commerce, ont mis
plus d'égalité entre les puissances des nations, les guerres semblent appartenir davantage à l'ambition particulière de ceux
qui gouvernent et à l'inquiétude de leurs
conseils.

Les hommes aiment les hasards et souvent c'est d'eux-mêmes qu'ils les cherchent.
J'en conviens ; quelques-uns y trouvent
les honneurs et la fortune; mais ce premier choix, ce premier mouvement ne
signifie rien. C'est un sentiment exalté par
l'exemple et par l'opinion. L'ignorance de
la plus grande partie des hommes n'est
qu'une minorité prolongée. Il faudroit étu-

dier leurs véritables sentimens, dans ces momens, où déchirés de mille douleurs, mais conservant encore un souffle de vie, on les enlève par monceaux, du champ funeste où la faux de l'ennemi les a moissonnés : il faudroit étudier leurs sentimens dans ces lieux désastreux où on les accumule, et où les souffrances qu'ils supportent pour conserver une existence languissante, ne prouvent que trop le prix qu'ils mettent à la conservation de leurs jours ; il faudroit sur-tout étudier leurs sentimens, et sur ces vaisseaux enflammés où il n'y a plus qu'un instant entre eux et la mort la plus cruelle, et sur ces remparts où un bruit souterrain leur annonce qu'ils vont être ensevelis sous un amas affreux de pierres et de poussière : mais la terre les a couverts, la mer les a engloutis, et nous les oublions ; et leur voix, absolument éteinte, ne peut plus accuser les malheurs de la guerre : durs survivanciers que nous sommes, c'est en marchant sur des corps mutilés et sur des ossemens brisés, que nous nous réjouissons de la gloire et des honneurs dont nous avons seuls hérité.

Qu'on ne me reproche point de m'être

arrêté sur ces lugubres images ; on ne sauroit trop les présenter , tant on s'habitue au milieu de la société même à ne voir, dans la guerre et dans ses horreurs , que l'occu- pation d'une jeunésse brillante, un exercice offert à son courage et le développement du talent des généraux. Et tel est l'effet de cette ivresse passagère, que l'on prend quel- quefois le bruit des cercles de la capitale pour le vœu général de la nation. Ainsi l'espérance d'un succès, l'éclat d'une victoire, l'humiliation d'un peuple dont on est jaloux ; voilà ce qu'on saisit avidement. Mais la grandeur des dépenses , l'usage heu- reux et fécond qu'on pourroit en faire, hélas! faut-il le dire ? la mort et la destruction des hommes dont on ne voit point passer les convois funéraires , toutes ces diverses con- sidérations qui exigent une sorte de rappro- chement, sont presque toujours écartées, ou l'impression du moins en est trop fugitive.

Il est triste après tant de siècles d'être obligé de redire aux humains qu'ils sont faits pour s'aimer, que l'esprit de paix et de bienfaisance est la perfection de leur na- ture. Ces vérités sont cependant gravées dans leurs ames et l'empreinte en est éternelle. Les nations réunies par les lois, ne paroissent pas encore avoir assez compris combien ces sentimens de fraternité sont nécessaires pour la felicité commune. Seroit-il vrai, comme on l'a prétendu, que les hommes fussent condamnés à désirer toujours la paix et à la voir troubler sans cesse ? seroit-il vrai que toutes les maladies morales du genre humain fussent également incurables malgré le temps, la réflexion et l'espérance ?

La guerre, ce fléau que la fureur humaine ajoute à ceux de la famine et de la peste, ce grand moyen de destruction qui compromet l'existence des nations, est fatal même à celle qui triomphe; et l'État qui, après des victoires, feroit le recensement de ses forces, reconnoîtroit qu'il a payé trop cher ses succès.

Lorsque Louis XIV fit bombarder Alger; le dey fit de cette expédition une critique qui devroit être la leçon de tous les souverains. « L'empereur français, dit-il, n'a-
» voit qu'à me donner le quart de la dépense
» qu'il a faite pour bombarder ma ville, et
» je me serois engagé à n'y pas laisser pierre
» sur pierre. » Voilà le résultat des guerres

heureuses et souvent le décompte des conquêtes.

C'est à ceux qui sont assis dans les cabinets de la politique à supputer combien
d'hommes coûte à l'État une année de guerre,
et combien ces mêmes hommes en auroient
donné à la patrie, si la paix avoit protégé la tranquillité de leurs jours. Quoi qu'il
en soit de ces calculs trop contestés, mais
dont le plus modéré est encore effrayant,
c'est du moins une vérité reçue que la population est toujours une source de richesses;
que l'homme est tout à la fois le dernier terme
et l'instrument de toute espèce de produit;
et en ne le considérant que comme un être
ayant un prix, c'est le plus précieux des
trésors d'un État.

On a calculé le prix de chaque homme suivant ses occupations et la valeur de son travail : ce n'est pas ici le lieu de discuter si ces
principes sont ceux d'une juste politique, et
si le métier qui donne le plus d'écus, est
réellement le plus utile à l'État : mais nous
observons que dans ce mode d'évaluation,
on voit l'homme, suivant l'emploi de ses
forces ou de son industrie, être le principe
de la richesse nationale.

Ce calcul devient plus sensible , s'il s'agit de ces effets terribles de l'état de société, de ces momens de crise où les nations disputent de l'empire , et où une masse d'hommes conspire à la destruction de l'autre : c'est alors qu'on reconnoît l'action et la prépondérance de la population ; et si elle est bien employé , c'est elle qui décide ces grandes querelles des nations. On a prétendu que dans l'état actuel , la guerre n'étoit qu'une affaire d'argent : cette proposition est peut-être admissible pour la guerre de mer ; mais nous ne croyons pas qu'elle soit juste pour celle de terre ; et même de grands généraux prétendent que pour la faire avec succès , il ne faut que des paysans , un chef qui les dirige et six mois d'exercice.

Au reste en écartant ces considérations financières et militaires , il est constant que la force intrinsèque et relative des États consiste principalement dans la population et singulièrement dans le nombre des individus qui peuvent manier une bêche , conduire une charrue , travailler à un métier , porter des armes , enfin se reproduire : telle est la basse de la puissance des nations, et tous les ministres devroient répéter à leurs chefs ce qu'Auguste disoit aux Romains. *La cité ne consiste pas dans les maisons, les portiques, les places publiques ; ce sont les hommes qui font la cité.*

Un des plus riches sujets d'observations consiste dans l'aspect de cette multitude innombrable d'êtres humains qui couvrent une partie de la surface du globe ; de cette longue suite de générations qui se succèdent, se poussent, s'éteignent, se reproduisent. Le peu d'espace que l'homme le plus important occupe dans l'ordre des temps et des régions, le peu d'influence qu'ont les actions mémorables sur les siècles qui les suivent et sur les nations étrangères, tout nous annonce quelle est la foiblesse, le néant des individus qui composent l'espèce humaine, l'illusion des passions, des réputations immortelles, et de l'agitation qui nous fait perdre le moment actuel, qui seul nous appartient. Tous les évènemens prennent un autre caractère, tout se rapetisse et s'évanouit. Tout nous ramène au sentiment de notre foiblesse. Mais considérez les hommes en masse, c'est alors que notre être reprend un caractère de dignité.

Je le vois s'emparer de la nature, la con-

vertir à son usage, se l'approprier toute entière. La terre s'entr'ouvre pour livrer les
métaux, elle perd ses productions originaires
pour en prendre de nouvelles ; elle est en-
durcie, assouplie, adaptée à toutes les formes,
à tous les usages. Les animaux nuisibles
sont détruits, ceux dont l'existence peut
présenter quelque caractère d'utilité, sont
protégés, multipliés, assujettis, dévorés,
sacrifiés aux arts ; la finesse de leurs sens,
la vîtesse de leur marche, la force de leurs
reins. sont des biens, des possessions de
l'humanité : tout est changé ; les carrières
deviennent des palais, les forêts des vaisseaux ; un métal est rendu incisif, un autre
est transformé en remède ; la graisse des animaux en flambeau, leurs peaux en vêtement.
Le salpêtre s'enflamme, c'est un tonnerre
terrestre, le céleste même est docile à nos
ordres, et suit la direction qui lui est tracée.
L'homme, non content d'avoir amélioré
son habitation sur la terre, se pratique un
passage solide sur les eaux ; il se répand
même sur l'immensité des mers : à l'aide
d'un sable travaillé, il porte ses regards à
un million de lieues ; tous les élémens
obéissent à sa voix, et servent son indus-

trie : le mouvement de tout ce qui existe tourne à son utilité. Animer la matière et créer ont été les seuls termes de sa puissance ; et l'on ne doit point être surpris que l'homme brute et sauvage ait été tenté d'adorer l'homme civilisé et perfectionné. La différence que les arts mettent entre les hommes est immense, et les peuples américains n'eussent point été blâmables de prendre les européens pour des dieux, si leurs vainqueurs ne s'étoient annoncés par des crimes. Oui l'homme, à l'aide de la méditation, du temps, des efforts redoublés, s'est élevé au-dessus de son espèce ; c'est un être nouveau. Si les cieux annoncent la grandeur de l'Être suprême, la terre, dans ses parties habitées, est un monument qui dépose du génie et de la puissance de l'homme.

Ces prodiges humains, sur lesquels l'habitude ferme nos yeux et affoiblit notre admiration, sont l'ouvrage de la population. Si elle se détruit, elle perd toute son action. L'Arabe, dispersé et clair-semé dans ses déserts, pasteur ou brigand, est encore aujourd'hui tel qu'il était du temps d'Abraham : un nombre considérable de siècles s'est écoulé inutilement pour lui ; mais lorsque les

hommes sont rassemblés et nombreux, chaque siècle, chaque année, chaque jour ajoute
à leurs richesses intellectuelles ou physiques ; et à quel point de perfection de
puissance et de bien-être ne serions-nous
pas parvenus, si, depuis l'origine du monde,
chaque homme employant ses efforts, avoit
posé sa pierre pour la construction de l'édi-
fice immense de nos connoissances ?

Ce bonheur ne peut subsister avec la
guerre ; il doit donc être le fruit de la paix.
Les peuples, comme les individus, ne peuvent être heureux que dans l'état de calme,
et loin des grands sacrifices que supposent
de grands besoins. La population augmentée, la culture des terres favorisée, le
commerce protégé et aggrandi, tous les arts
en cou ragés, toutes les parties de l'administration perfectionnées, enfin l'opulence
et la félicité générale, voilà les biens qu'une
paix durable répandroit sur les peuples et
sur leurs chefs ; car il faut toujours les unir
ensemble ; et leurs intérêts devroient-ils
jamais être séparés !

Un jour elle règnera, peut-être, cette paix
si rare et si désirée, et alors la morale
pourra être comptée pour quelque chose dans

l'administration politique des Etats. Tous les esprits se tourneront vers des objets d'amélioration et de réforme, qu'il est impossible d'envisager dans le tumulte de la guerre. Qui peut douter qu'elle seule, durant tant de siècles qu'elle a désolé les Empires, n'ait retardé leurs progrès en tout genre ? Si jamais les nations jouissent d'une paix générale, à mesure que l'esprit de bienveillance les rapprochera, à mesure que l'esprit de rivalité mal entendue s'affoiblira par-tout, les lumières se multiplieront, le corps de la législation se perfectionnera dans les Etats où il est encore si défectueux, et ce qui doit être l'objet de tous les vœux ; de la première des institutions sociales, celle de punir le crime, on parviendra peut-être à la dernière, celle de récompenser la vertu.

Si nous jetons un coup-d'œil sur l'état actuel et sur les nombreuses secousses que l'Europe a éprouvées, nous verrons luire un rayon d'espérance. Peut-être le temps des grandes épreuves est passé pour nous ! Peut-être avons-nous parcouru la route de ténèbres qui devoit nous conduire à la lumière ! Après ces années de ravage et d'anarchie, où les peuples libres , mêlés avec les peuples esclaves , se heurtoient avec fureur des deux bouts de l'hémisphère , se pressoient, se refouloient tour-à-tour , et se précipitoient les uns sur les autres , est-il donc impossible que la paix et l'union des peuples commence à expier tant de forfaits?

C'est à vous à protéger ces intérêts sacrés en évitant la guerre, vous à qui le vœu des peuples a donné le droit personnel de les gouverner. Plus le titre d'homme et de citoyen donne de droits et de puissances, plus l'état de leur réunion est parfait, plus la masse des hommes doit s'en féliciter. Et, chefs des nations, vos concitoyens, votre siècle, l'univers , l'avenir vous jugeront sur le résultat de vos opérations pour la propagation , la conservation et le bonheur de l'humanité! D'après cette règle , indépendamment de l'illusion que forment les talens , et du faux éclat que donnent les succès, le genre-humain tôt ou tard distingue ses tyrans de ses bienfaiteurs.

CHAPITRE SECOND.

Motifs de guerre. — Analyse des causes qui l'ont allumée en Europe depuis la paix de Westphalie jusqu'à nos jours.

DEUX principes gouvernent le monde : la violence qui produit la guerre, et la raison qui conseille la paix. De ces deux principes, le premier est le plus actif. Il tient aux passions, voilà pourquoi la guerre l'emporte partout sur la paix. On diroit que les chefs des nations ne gouvernent que pour se mettre en état de nuire aux peuples voisins : la politique extérieure absorbe communément tous les soins qu'ils doivent donner à la politique intérieure. Enivrés de l'idée vaine de jouer un grand rôle aux yeux de l'univers étonné, on ne voit la plupart de ceux qui exercent l'autorité suprême occupes qu'à écraser leurs propres nations dans la vue d'écraser ensuite les nations étrangères ou de se défendre contr'elles. Si l'on considéroit sans préjugé leur conduite, on seroit tenté de croire que leur

projet n'est que de gouverner des champs
désolés. Sans cesse attentifs à étendre les
bornes de leurs Etats, ils ne songent presque jamais à les rendre plus heureux. On
diroit qu'ils ne veulent que de la terre et
des misérables.

Trompés par l'ambition et les vues bornées
de ceux qui les gouvernent, les nations se
croient obligées de se haïr réciproquement.
Leurs souverains mettent à profit ces dispositions fatales ; ils s'en servent pour faire valoir leur frivoles intérêts qui rarement sont
ceux de l'État. Ainsi, sans savoir pourquoi,
l'homme hait l'homme qu'une rivière sépare
de lui, l'habitant d'un pays devient l'ennemi
né de l'habitant d'un autre. Un peuple stupide se rend l'instrument des délires et des
iniquités de ses maîtres ; il devient injuste,
parjure, turbulent, parce que ceux qui lui
commandent ont mérité ces noms odieux.

Quels efforts peuvent faire pour leur bonheur, ceux qui ne sont occupés que du soin
d'attaquer ou de se défendre ? On n'améliore
pas les terres qui sont en litige, et pour lesquelles on plaide encore. Le premier pas à
faire vers le bien seroit donc de rendre les
paix plus longues et les guerres plus rares :

si la chose arrive jamais , on aura lieu de penser que le changement s'avance et que les progrès sont commencés. C'est cette ré-flexion qui nous oblige de donner une atten-tion particulière à tout ce qui est relatif à ce grand objet ; et pour faciliter nos obser-vations , il est à propos d'examiner ici quelles sont les causes de la guerre , ou plutôt celles qui décident une société d'hommes à en atta-quer une autre.

La première qui se présente est le désir de quitter un climat rigoureux pour un cli-mat salutaire , une terre stérile pour une terre féconde , une habitation incommode pour une plus agréable , et voilà les motifs des peuples barbares. Qu'on y fasse attention et on verra que ce malheureux besoin de faire la guerre , se mesure assez naturelle-ment sur la distance où l'on est, soit de la barbarie ou de l'état de bête féroce , soit de l'état policé qui est l'état de l'homme. Dans l'état de barbarie , la guerre est con-tinuelle , elle est l'unique affaire , elle forme seule l'esprit général: dans l'état qu'on appelle policé , la guerre n'est qu'intermittente. Si on étoit tout-à-fait policé , la guerre cesse-roit entièrement : toute police tient à la paix,

la férocité seule croit avoir besoin de la
guerre ; mais chez les peuples même policés ,
on fait encore le mal par routine ou par de
faux principes, quand on ne la fait plus par
goût ni par besoin. Les peuples barbares ,
par leur qualité même de barbares , sont plus
propres à la guerre, non pas qu'ils sachent
mieux la faire , car ils ignorent les arts, et
l'art de la guerre comme les autres ; mais
ils aiment mieux la faire , et ils ne savent pas
faire autre chose. Les peuples barbares n'ont
rien à perdre du côté du commerce et des
arts qu'ils ne connoissent pas.

La politique extérieure n'existant pas pour
les barbares, ou n'ayant à leur égard qu'une
très-foible influence , ne met point d'obstacle
à leurs conquêtes, comme à celles des peuples policés. De plus, la guerre pour les
barbares est d'une facilité qui semble inviter
à la faire : rien ne les arrête , par-tout un
pays ouvert, point de places fortes, peu de
villes murées ; un siége n'est qu'une escalade ,
une guerre qu'une incursion ; une bataille
décide d'une conquête ; et quand l'aggresseur
est vaincu, s'il est parti d'un pays pauvre ,
il ne craint point de représailles. Chez les
nations policées , la guerre est un art, et

le résultat d'une multitude d'arts. Par-tout des barrières et des obstacles ; tout exige du temps, des efforts, des dépenses, du talent ; une bataille ne décide rien. Il en coûte davantage au plus habile général pour gagner une lieue de terrein, qu'à un barbare pour conquérir un vaste Empire.

Nous trouverons la seconde cause de la guerre dans la concurrence pour certaines choses nécessaires ou utiles, telle que la chasse, la pêche, les mines, etc. ; dans l'ignorance et la grossièreté des peuples encore bruts, qui, n'ayant aucune idée de modération et d'équité, sont sujets à s'irriter aisément et à faire des représailles cruelles pour de petites offenses.

La troisième n'est qu'une conséquence du même principe ; c'est la crédulité stupide et le gouvernement hiérarchique : gouvernement tyrannique et intolérant qu'on reconnoît dans presque toutes les sectes religieuses, chez les jongleurs des sauvages, chez les anciens prêtres d'Egypte et d'Ethiopie, et parmi les Grecs, dans ces oracles célèbres que la superstition attribuoit autrefois à la divinité, et de nos jours, à un génie malfaisant. La matière de ce fanatisme ne subsiste presque plus ; parce que les progrès de la raison sont tels , que s'il existoit encore des peuples superstitieux , ils seroient gouvernés par des hommes sages et éclairés ; et que s'il existoit des chefs superstitieux, ils gouverneroient des peuples trop instruits pour seconder leur folie.

La quatrième cause , la plus puissante de toutes , et cependant la plus cachée , prend sa source dans tout vice inhérent à la constitution de l'Etat. Ce sont ces vices intérieurs qu'on doit considérer comme le germe secret de presque toutes les guerres extérieures ; de même que ce sont les défauts des polices particulières qui donnent naissance aux guerres civiles.

Ce germe secret existe dans un Etat, dès que les vices accumulés de son gouvernement le privent de la liberté , de la force , des mœurs nécessaires au maintien de l'association. Lorsque par quelque vice interne une nation cesse de jouir de la puissance , du rang, de la considération qu'elle devroit avoir parmi les autres , d'après les avantages que la nature lui a donnés : ces avantages sont déterminés par le nombre de ses habitans , par leur industrie et leurs talens, par leurs richesses et leurs ressources , par la bonté de leur territoire , par son étendue et sa position. Cette cause dissout une nation , lorsque les principes de son gouvernement sont corrompus ; lorsque les lois sont mauvaises et sans vigueur ; lorsque l'anarchie s'empare de toutes les classes de l'Etat ; lorsque les citoyens s'isolent et se détachent de la patrie ; lorsque des guerres civiles les arment les uns contre les autres ; lorsque la violence change la forme de son gouvernement ; lorsqu'une force étrangère vient la démembrer , la détruire et lui ravir son indépendance.

Que sont devenus ces peuples fameux dont nous lisons avec étonnement les annales ? Quel sort ont eu les institutions si sages du laborieux Egyptien , les richesses et les forces si vantées de l'Assyrien , du Perse et du Mède , les conquêtes du Macédonien , le commerce étendu du Tyrien et du Carthaginois ? Enfin , que reste-t-il de ce peuple vainqueur de tous les autres peuples, qui finit par engloutir tous les Empires du monde, et dont les citoyens commandoient à tant de rois ? Hélas ! leurs gouvernemens ont été renversés , leurs institutions abolies,

leurs demeures et leurs dépouilles partagées
par des peuples barbares : de toute leur
grandeur il ne reste que des monumens informes, dont les ruines imposantes nous im-
priment encore une vénération stérile pour
une puissance qui n'est plus.

Enfin, le goût des conquêtes est une des
causes les plus sensibles et les plus dangereuses de la guerre. Ce goût, engendré souvent par une autre espèce d'ambition que
celle qu'il semble annoncer, n'est pas toujours ce qu'il paroît être, et n'a pas tant
le désir apparent d'aggrandir la nation, que
le désir caché d'augmenter au-dedans l'autorité des chefs, à l'aide de l'augmentation
des troupes, et à la faveur de la diversion
que font les objets de la guerre dans l'esprit
des citoyens. Devenus les ennemis des peuples qu'ils sont chargés de rendre heureux,
les tyrans établissent des troupes réglées en
apparence pour contenir l'étranger, et, en
effet, pour opprimer l'habitant. Pour former
ces troupes, il faut enlever à la terre des
cultivateurs, dont le défaut diminue la
quantité des denrées, et dont l'entretien
introduit des impôts qui en augmentent le
prix. Ce premier désordre fait murmurer

les peuples; il faut, pour les réprimer, multiplier les troupes; par conséquent la misère; et plus le désespoir augmente, et plus on se voit contraint de l'augmenter encore pour en prévenir les effets. Ce qu'il y a du moins de très-certain, c'est que rien n'est si foulé ni si misérable que les peuples conquérans, et que leurs succès même ne font qu'augmenter leur misère. Quand l'histoire ne nous l'apprendroit pas, la raison suffiroit pour nous démontrer que plus un Etat est grand, plus les dépenses y deviennent proportionnellement fortes et onéreuses.

Rien de plus rare que les gouvernemens sages; presque tous les Empires ont été fondés par la force des armes. Il est des nations que des guerres réitérées ont rendu belliqueuses; l'habitude leur fait alors une nécessité du trouble; l'inaction et le repos sont des états violens et incommodes pour un gouvernement militaire, dont le tumulte est l'élément. Les armes seules y conduisent à la considération, aux récompenses, aux honneurs. Les chefs, quand même ils craindroient la guerre, y sont continuellement entraînés par le préjugé dominant.

La voix des soldats qui les entourent est plus forte que celle de tous les citoyens réunis, elle étouffe pour l'ordinaire le cri d'une nation entière toujours intéressée au repos, toutes les fois qu'elle n'est pas réellement en danger. Les guerres qui désolent l'univers seroient bien moins fréquentes, si les gouvernemens ne prenoient les armes que lorsque la nécessité et la sûreté de leurs peuples les forcent de recourir à cette fatale ressource. Les guerres seroient moins longues, si, contents d'écarter le danger, ils consentoient à faire cesser le mal dès qu'il est inutile. Une guerre sans motifs raisonnables et sans fruit est une double calamité pour une nation. Un peuple très-belliqueux ressemble à un blessé qui r'ouvre continuellement ses plaies, avant qu'elles soient cicatrisées.

C'est sans doute cet acharnement à se détruire qui a porté un philosophe atrabilaire à supposer que l'homme étoit né dans un état de guerre avec ses semblables. Eh ! qui ne seroit tenté de le croire en voyant la frénésie qui anime à tout moment les peuples à leur destruction réciproque ; en considérant l'imprudente facilité avec laquelle les hommes versent le sang sous les prétextes les plus frivoles, et pour des intérêts souvent puériles, comment ne pas supposer qu'ils n'ont été placés dans ce monde que pour s'égorger les uns les autres ? Pour peu qu'on jette les yeux sur les annales du genre humain, tout être raisonnable est consterné à la vue des guerres atroces et continuelles et des inutiles carnages qui de tout temps ont fait nager la terre dans le sang de ses habitans.

S'il est un crime affreux, c'est sans doute celui de ces souverains qui pour les objets les plus futiles s'engagent dans des guerres et sacrifient à la fantaisie du moment, des hommes dont la vie est la richesse la plus réelle d'un État. De quel front des poëtes et des historiens adulateurs osent-ils louer ces monarques ambitieux qui, au prix de l'élite d'une nation, achètent une gloire inhumaine contre laquelle l'éloquence et l'indignation devroient lancer tous leurs traits? Comment les nations font-elles éclater tant de joie à la suite de leurs sanglantes victoires? De quoi vous rejouissez-vous, peuples insensés, et de quoi remerciez-vous vos dieux? Est-ce de ce qu'une bataille à fait périr des milliers de vos concitoyens? est - ce de ce que votre territoire s'est aggrandi d'une ville détruite? En serez-vous plus fortunés? votre sûreté en est-elle augmentée? jouirez-vous plus tranquillement du fruit de vos travaux? allez-vous être soulagés du poids de vos impôts? Non, dites vous. Eh bien , vous vous rejouissez donc de voir redoubler vos maux?

Dès que l'Europe éprouve quelque agitation, on préviendroit bien des maux, si chaque puissance se demandoit à elle-même : la guerre que je vais faire , seroit elle juste? en la supposant légitime , m'importe-t-il de la faire, c'est-à-dire , l'objet que je me propose est-il d'un si grand prix qu'il faille l'acquérir par une guerre? Quels moyens ai-je entre les mains pour la faire heureusement? Quels avantages puis-je raisonnablement me promettre sur mes ennemis? Si la fortune trahit mes espérances, comment lasserai-je ses caprices? Quelles sont mes ressources? Combien d'échecs puis-je essuyer sans succomber? Ces questions préliminaires disposeroient à la paix toute puissance assez modérée ou plutôt assez prudente pour se les faire.

La guerre dans son principe tient aux

passions. Je l'ai déjà dit, on la fait par routine , par préjugé ; parce qu'on la faisoit
autrefois ; parce qu'il est d'usage après quelques années de paix , de rentrer en guerre ,
même sans objet ; parce qu'on n'ose ni se
croire ni se montrer plus raisonnables que
ses prédécesseurs ; parce que la guerre a fait
long-temps l'admiration des peuples stupides,
comme l'occupation des peuples barbares : on
la fait enfin , comme Catilina et ses complices
commettoient des meurtres et des assassinats
pour s'y exercer, pour n'en pas perdre l'habitude. *Nè per otium torpescerent manus.*

Combien de guerres ont désolé l'Europe ,
qui n'ont été le fruit ni de la politique ,
ni de l'ambition, mais de l'humeur de quelques princes ou de quelques ministres qui
s'étoient fait de grandes injures en s'offen-
sant de bagatelles ! Ces torts ridicules qui
ont occasionné les premières hostilités , rendent encore les négociations de la paix plus
difficiles. Il suffit d'avoir lu quelques dépê-
ches des ambassadeurs chargés de traiter
dans un congrès , pour juger que des petits
ressentimens et des riens , qu'on devroit
avoir au moins honte d'avouer , sont souvent
un plus grand obstacle à la conclusion des

traités que les intérêts les plus importans des nations.

Dans l'état actuel de l'Europe , les cours des souverains, placées à une distance convenable , n'agissent les unes sur les autres que par les intrigues particulières ou par les passions personnelles des ministres. Louvois veut la guerre , parce que Colbert veut la paix, parce que l'intérêt du ministre de la guerre est d'embarrasser le ministre des finances. Il échauffe l'ambition d'un monarque orgueilleux; il lui dit que la France n'a besoin que d'armées de terre ; qu'au moyen de ces forces , l'Europe pliera sous ses lois. Bientôt la marine est négligée , les ports se ferment ; toutes les autres parties de l'administration sont sacrifiées à la splendeur d'un seul département. C'est ainsi qu'au siècle dernier un ministre plongea l'Europe dans une guerre affreuse , pour se rendre nécessaire à son roi : le cœur se soulève à cette idée. L'Europe fut donc inondée de sang , afin que ce ministre trompât plus long-temps son maître.

Louis XIV vient d'ajouter quelques provinces à la France ; il croit que , parce que son royaume a augmenté de surface , il s'est

accrû en puissance. Il prend pour signe d'a-
bondance et de richesse les étoffes de ses
manufactures et l'or de ses commerçans. Il
s'élève à un luxe de puissance plus fort que
ses moyens ; il croit que, nouveau Cadmus,
ses ordonnances pour augmenter ses troupes , font sortir de terre les hommes tout
armés; met tout son peuple en campagne;
épuise la France dans le temps de ses victoires ; la met à deux doigts de sa perte dans
ses malheurs , meurt , et ne laisse après lui
que dettes et misère , avec un genre de
guerre moins décisif et plus ruineux.

Voyons , à l'époque de ce prince , et comme
entraînés par son exemple , tous les gouvernemens de l'Europe, forcer de moyens, grossir
leurs armées , augmenter leurs impôts , étendre à l'envi leurs possessions , appeler les
campagnes dans les villes , les provinces
dans les capitales , les capitales dans les
cours, prendre l'enflure pour la puissance ,
le luxe pour la richesse , l'éclat pour la gloire ,
faire enfin gémir les peuples , pour atteindre à un aggrandissement funeste : politique
malheureuse et qui rappelle ce chevalet sur
lequel Busiris allongeoit ses victimes , en leur
brisant les membres.

Jusqu'alors les États les plus puissans n'avoient eu que des armées peu nombreuses ; le cardinal de Richelieu croyoit qu'il suffisoit à la France d'entretenir sur pied quarante mille hommes d'infanterie, quatre mille chevaux et d'avoir un corps de milice composé de soixante mille hommes toujours prêts à se rassembler, à marcher au premier ordre. Et Turenne avouoit que le commandement de trente mille commençoit à l'embarrasser. Sans doute que ces capitaines ont eu des successeurs d'une plus vaste capacité : on leur confia des armées une ou deux fois plus nombreuses. Il y eut une sorte d'émulation entre les puissances à qui auroit le plus de soldats ; mais cette bouffissure, qu'on me pardonne cette expression, n'annonce qu'une nouvelle maladie et une défaillance prochaine.

Si de grandes armées font un grand tort à la population, elles affoiblissent donc un État ; et surement l'Europe est encore moins peuplée qu'elle ne l'étoit il y a un siècle. Ce grand nombre de soldats oisifs qu'on entretient pendant la paix, n'est donc propre qu'à donner une confiance disproportionnée à ses forces réelles et à rendre les recrues

plus difficiles pendant la guerre. Il y a un siècle qu'avec des armées on exécutoit des entreprises importantes ; une conquête pouvoit
n'être pas achetée trop chèrement par les frais
de la guerre. Les finances du prince le plus
riche sont épuisées en deux ou trois campagnes quelqu'heùreux que soient d'abord
les succès ; ils deviennent presqu'inutiles,
parceque tout manque pour en profiter en
continuant la guerre avec vigueur ; on la fait
mollement, en attendant que la nécessité
contraigne à-la-fois les deux partis à poser
les armes. Quelle puissance seroit encore
en état de soutenir une guerre de trente ans ?
On fait la paix tandis que l'aigreur et la vengeance subsistent encore dans les esprits, et
avant que l'ambition aie pu être corrigée
par une longue suite d'expériences. Aussi
nos paix ne sont-elles que des trèves passagères, et nos traités, au lieu de terminer
les affaires, ne produisent souvent que de
continuelles divisions.

Quelle que soit la puissance qui se trouve
à la tête des affaires de l'Europe, croira-t-on
après ce que je viens de dire, qu'elle puisse
raisonnablement se proposer de s'accroître
par des conquêtes ? quand la supériorité de

ses forces sur tous ses ennemis paroîtroit
l'y autoriser, il seroit encore imprudent de
le tenter. Si elle ne veut faire que des acquisitions médiocres, elle excite beaucoup
de haine contre elle, et s'expose à un grand
danger pour un petit avantage. Si son ambition est aussi vaste que celle de la maison
d'Autriche, elle échouera nécessairement,
parceque de grandes entreprises demandent
un plan suivi de politique, fondé sur une
longue suite d'opérations qui est impraticable
avec les formes de gouvernement connues
parmi nous. Il ne faut pas le déguiser; à
l'exception des Etats où le magistrat qui gouverne est gouverné lui-même par l'esprit et
les lois de la nation, de sorte que la même
politique s'y perpétue aisément, aucun autre
gouvernement n'est capable de suivre un
projet de quelqu'étendue, et je n'en excepte
par les nations les plus libres.

Les puissances maritimes donnent dans une
épidémie de commerce, qui n'est pas moins
funeste. Elles veulent embrasser les deux
pôles, naviguer sur toutes les mers, arborer
leur pavillon sur toutes les côtes. Il s'élève
entr'elles une politique inconnue jusqu'alors
et digne d'un siècle barbare. Elles se ferment

réciproquement leurs ports , ou ne les ou-
vrent qu'à certaines denrées et sous de certains droits. Elles oublient que le genre humain n'est qu'une vaste famille, subdivisée
en plusieurs autres , appelées française, an-
glaise , allemande , espagnole , etc. , dont
aucune ne peut être pleinement heureuse
et puissante , sans une libre et entière cor-
respondance d'échanges , de secours , de
bienfaits et de lumières.

Ce seroit un tableau bien intéressant et
bien instructif que celui de toutes les fautes
qui ont été faites, et de toutes les guerres
qui ont été soutenues depuis quelques siècles ,
contre les principes de la saine politique.
En s'accoutumant ainsi à examiner l'influence
que ces fautes ont eu sur les évènemens ,
et les fautes nouvelles dont ces évènemens
ont été cause à leur tour , en apprenant à
démêler la trame de cet enchaînement fatal,
on trouveroit la solution de la plupart des faits,
si mal expliqués par les mots vagues de hasard et de fortune , trop prodigués dans nos
histoires.

Voilà les causes générales et particulières
qui nous unissent pour nous détruire et nous
font écrire une si belle doctrine sociale avec

des mains toujours teintes du sang humain.
Nos guerres sont des combinaisons froides,
et toujours fausses, des calculs, des spécu-
lations tranquillement atroces, des systêmes,
des rêves, et ce ne sont pas *les rêves des*
gens de bien. Quant au peuple, comme souvent il ne sait ni le vrai motif, ni l'objet
de la guerre, il est absolument sans passion.
Il est vrai qu'on cherche à lui en inspirer, on
l'échauffe par des manifestes; on réveille en lui
la vanité nationale, on lui exagère les torts et
la foiblesse de l'ennemi, les forces et les ressources de la nation ; on lui montre la possibilité,
l'utilité des conquêtes, l'infaillibilité des succès ; on l'étourdit, on l'enivre, pour qu'il
sente moins le poids des impôts dont on va
l'accabler, l'amertume des pertes et des
sacrifices de toute espèce que la guerre entraîne ; on tâche de le rendre complice des
fureurs dont il va être la victime, et on y
réussit. Toute nation qui commence la guerre
semble saisie d'un esprit de vertige ; la folie
dure autant que la guerre, et s'augmente
par les évènemens même de la guerre. L'al-
ternative perpétuelle et nécessaire de revers
et de succès, la réciprocité de ravages et
de ruines, l'accumulation d'impôts et de

charges de toute espèce ; fruit ordinaire de
la guerre ; elle oublie tout , elle ne voit plus
qu'une suite infaillible de triomphes. Comment pourroit-elle ne pas toujours vaincre ?
Comment l'ennemi pourroit-il résister ? Ce
délire de présomption gagne jusqu'aux esprits
les plus éclairés. Louis XIV , en se rendant
juge suprême dans sa propre cause par l'é-
rection des chambres de réunion , en pour-
suivant ses hostilités et ses conquêtes en
pleine paix , soulève de nouveau contre lui
toute l'Europe , la ligue d'Augsbourg se forme , et Racine dit :

> Des mêmes ennemis je reconnois l'orgueil ;
> Ils viennent se briser contre le même écueil.

Voilà nos guerres , même dans toute leur
gloire , et voilà les flatteries insensées par
lesquelles nous les entretenons. Bien partager la folie nationale , c'est ce qu'on appelle être citoyen : ah ! le vrai citoyen est
celui qui avertit ses frères de leurs folies et
de leurs erreurs.

Quant aux prétextes , ils sont toujours les
plus beaux et les plus nobles du monde. Rien
de si édifiant qu'un manifeste. Point d'aggresseur ; on ne fait jamais que se défendre ;

on ne fait la guerre que pour n'avoir point
à la faire ; on n'a en vue que la gloire et
le bonheur du peuple en l'opprimant. On
connoît assez le cas que l'on doit faire de
ces déclarations ; ce n'est pas sur ces sortes
de pièces que les souverains fondent le plus
le succès de leurs armes, c'est sur leurs préparatifs, leurs forces, leurs alliances et leurs
négociations. Ils pourroient tous s'exprimer
comme fit un prêteur latin dans une assem-
blée où l'on délibéroit ce qu'on répondroit
aux Romains, qui, sur des soupçons de
révolte, avoient mandé les magistrats du
Latium. « Citoyens, dit-il, il me semble que
dans la conjoncture présente, nous devons
moins nous embarrasser de ce que nous avons
à dire que de ce que nous avons à faire ;
car, quand nous aurons bien pris notre
parti, et bien concerté nos mesures, il ne
sera pas difficile d'y ajuster des paroles. »
Rien cependant n'est plus digne d'une puissance qui connoît le prix du sang humain
que de publier, dans un manifeste, les motifs qui la déterminent à prendre les armes ;
c'est, pour ainsi dire, entrer en négociation
avec toute l'Europe. Il faudroit en même
temps faire connoître ses prétentions, ou

la réparation qu'on exige. La plupart des
ministres ont regardé, au contraire, comme
un trait d'habileté de ne point déclarer net-
tement ce qu'ils demandoient par la guerre;
ils ont craint de se compromettre, si elle
étoit malheureuse, et voulu conserver la
liberté d'étendre leurs prétentions si les succès répondoient à leurs espérances.

Il faut bien que cette politique ne soit
pas aussi admirable qu'on le croit communément, puisque les Romains, qui ont conquis le monde, n'armoient jamais leurs
légions sans publier leurs prétentions. Après
les plus grandes victoires, ils n'imposoient
point aux vaincus des conditions plus dures;
après les plus grands revers, ils faisoient
encore les mêmes demandes. Notre méthode
peut servir à faire ou à sauver la réputation
d'un gouvernement intrigant, qui ne veut
qu'éblouir, et n'est occupé que de la cir-
constance présente; mais la méthode des
Romains, propre à rendre les guerres plus
courtes, peut seule faire la réputation et la
fortune d'un Etat. Nous agissons au jour le
jour; nous voulons dépendre des évènemens,
et nous ne cherchons qu'une manière honnête de leur obéir. Notre ennemi, ne sa-

chant jamais à quoi s'en tenir, doit conti=
nuellement songer à réparer ses pertes, après
une défaite, ou à poursuivre ses avantages
après un succès heureux, et la paix est toujours reculée. L'ennemi des Romains étoit,
au contraire, dans le revers, touché de
leur générosité, et, dans la prospérité,
effrayé de leur courage ; et ce double sentiment le portoit à s'épargner les fatigues
d'une guerre opiniâtre.

Les actes les plus solemnels entre les
hommes, sont les traités de paix. Ils termi-
nent des querelles sanglantes, ils fixent le
sort des nations ; ils sont consacrés par des
sermens. Tous commencent par cette formule
imposante : *Il y aura paix et amitié perpétuelles entre les parties contractantes.* Mais
comme leur exécution dépend quelquefois
moins de la bonne volonté des contractans
que de l'empire des circonstances, il arrive,
par l'instabilité des choses humaines, que
ces *paix perpétuelles*, ces *amitiés irrévocables*, sont souvent d'une très-courte durée.
Il n'est pas rare de voir que les stipulations
les plus importantes, celles qu'on a investi,
pour ainsi dire, des conditions les plus sé-
vères, afin d'éloigner d'elles toute équivoque,

4

et d'assurer leur perpétuité, sont précisément celles qui ont donné lieu aux ruptures. Chaque puissance, dans ses déclarations et dans ses manifestes, tire presque toujours ses griefs et ses motifs de guerre des clauses d'un traité qui les a immédiatement précédé ; clauses regardées, quand on les a rédigées, comme un palladium sûr, contre la ruse des cabinets et l'ambition des cours.

Ces assurances d'une concorde inaltérable, presqu'aussitôt suivies d'hostilités, puis de conventions, calquées sur les derniers traités, et aussi peu durables, sont communes en Europe. Depuis la paix de Westphalie, qu'on a nommé le *Code des Nations*, les négociateurs se sont fait, jusqu'à nos jours, une loi de la prendre pour base de leurs travaux, d'en renouveler les dispositions et les garanties à la tête de tous leurs actes conciliatoires, comme une condition de rigueur ; cependant elle ne les a jamais empêché d'altérer ou de violer ces mêmes conditions, quand la politique a fait juger leur infraction nécessaire.

C'est donc à ce contrat primitif, qui a fait de l'Europe une même société, qui, depuis son existence, a toujours été et est encore cité comme la sauve-garde des droits vrais ou prétendus des puissances; c'est à ce diplome célèbre qu'il faut remonter pour connoître l'enchaînement des intérêts de l'Europe et les motifs, ou plutôt les pré-textes qui lui ont mis les armes à la main.

Cette paix mémorable ne suspendit que quelques années des guerres qui avoient duré plus d'un siècle; et on peut dire, à la honte de la prévoyance humaine, qu'elle a été presque toujours la cause ou le prétexte du retour des hostilités.

Depuis cette paix célèbre, qui devoit être *perpétuelle* et *irrévocable*, conclue en 1648, jusqu'à celle du dernier traité avec l'Angle-terre, en 1783, ce qui fait une espace de cent trente-cinq ans, l'Europe en a eu soixante-dix de guerre et soixante-cinq de paix; par conséquent, cinq ans de calamités plus que de repos.

De ces guerres, cinq ont été des guerres de famille, quatre d'ambition, de haine, d'orgueil, d'obstination et de dépit, et deux de commerce.

Les liaisons du sang ont peut-être contri-bué, plus que tout le reste, aux injustices et aux inconséquences de notre politique

moderne; elles dérangent tous les systêmes,
et mettent de petites affections domestiques
à la place des grands intérêts qui devroient
faire agir les princes pour le bien de leur
nation. On ne peut établir à cet égard aucune règle certaine; et il est arrivé souvent que l'intérêt a fait, parmi les souverains, autant de mauvais parens, qu'une
tendresse aveugle a fait oublier à d'autres,
la gloire et la sûreté de leur Etat.

Plus communément les liens du sang ne
forment que des alliances équivoques. Des
princes ont beau avoir une origine commune,
ils cessent d'être amis, quand ils ont des
intérêts opposés. Quoi qu'il en soit, un peuple
ne doit pas faire la guerre pour un pacte
de famille, ou pour placer des princes sur
des trônes étrangers. Il acheteroit trop chèrement un avantage inutile, si la nation à
laquelle il veut donner un souverain, est
son alliée naturelle, et un avantage court
et passager, si elle est son ennemie. Il
arrive même quelquefois que des tracasse-
ries de famille brouillent des puissances qui
auroient été amies, si elles avoient été
étrangères les unes aux autres.

La première des guerres de famille fut entreprise par Louis XIV, pour les droits de Marie-Thérèse, son épouse.

La seconde a été soutenue par ce même Louis XIV, pour placer Philippe, son petit-fils, sur le trône d'Espagne, auquel il étoit appelé par le droit de sa grand'mère, et le testament du roi défunt.

La troisième fut suscitée par le projet du cardinal Alberoni, de procurer à Philippe V, la régence de France, afin de le mettre plus à portée de succéder à la couronne, si Louis XV venoit à mourir.

Les quatrième et cinquième ont eu pour motifs les intérêts des maisons d'Autriche et de Bourbon, qui combattoient l'une pour soutenir sa pragmatique, l'autre pour procurer des établissemens aux enfans de Philippe V.

La guerre d'obstination est celle que Philippe IV, roi d'Espagne, prolongea pendant onze ans après la paix de Westphalie, et qui, loin de lui procurer des avantages, lui causa de nouvelles pertes.

La guerre d'orgueil et de dépit est celle que Louis XIV intenta aux Hollandais, sous prétexte qu'ils l'avoient bravé.

On peut joindre à cette guerre d'orgueil.

celle que Louis XV entreprit, de concert avec la cour de Vienne, pour humilier, s'ils l'avoient pu, le roi de Prusse, Frédéric, qui formoit des prétentions exagérées, et les soutenoit avec une hauteur qui aigrit ces grandes puissances.

Une guerre d'ambition et de haine est, sans contredit, celle que Guillaume III, auteur de la ligue d'Ausbourg, suscita, à Louis XIV, par un esprit de jalousie contre ce monarque, et pour se procurer la couronne d'Angleterre.

Enfin la guerre de 1755 et celle de 1778, ont été seules des guerres de commerce, qui aient pu être comptées au nombre des guerres qui intéressoient la nation, et quoique le prétexte de l'aggression de la part des Anglais ait été une dispute de limites, il est certain que le vrai motif étoit le dessein d'abattre et d'anéantir la marine française qui se relevoit.

Réciproquement, ce n'est pas pour soustraire les Américains à la domination angloise, que Louis XVI s'est lié avec eux en 1778, ni pour les faire jouir des avantages de la liberté; mais pour ôter à la marine britannique la ressource que lui offroit un continent entier, bien garni de ports, dont les forces avoient été très-utiles aux Anglais, dans les dernières guerres contre les Français, et pour rentrer en possession de la liberté de la pêche et du commerce qu'ils avoient envahis.

Des onze guerres qui ont armé les puissances de l'Europe, les unes contre les autres, pendant cent trente-cinq ans, et qui ont principalement pesé sur la France, il n'y a que les deux dernières qui aient été véritablement nationales; car peu lui importoit que l'épouse et le petit-fils de Louis XIV obtinssent ou non leurs héritages; que la couronne d'Angleterre fût portée par Jacques ou par Guillaume; que le roi de Prusse eût ou n'eût pas la Silésie; que la reine de Hongrie entrât ou n'entrât pas en possession des biens de son père; que les enfans de la princesse *Farnèze* eussent ou n'eussent point des appanages; que le royaume de France restât dans les bornes que les traités circonscriroient, ou s'accrût de quelques villes et de quelques provinces; toutes ces vicissitudes influoient peu sur le bonheur ou le malheur de la nation : mais ce qui lui importoit, c'est qu'il n'y eût pas une puissance dominatrice qui détruisît sa marine, la poursuivît par-tout, et fermât les mers à son commerce. A ce titre, les deux dernières guerres doivent être regardées comme nationales ; et on a droit d'exiger que, si on ne peut éviter les guerres, il n'y en ait plus du moins que de cette espèce ; ce qui doit les rendre infiniment plus rares.

Aujourd'hui, c'est sur-tout pour le commerce qu'on ensanglante la terre : cette idée vague, indéfinie, prête à la politique un nouveau lustre, et l'opinion publique, excitée par un mot qui représente un intérêt universel, s'égare souvent elle-même dans ses jugemens. Je demanderois volontiers à ceux qui, pour de semblables motifs, sont toujours prêts à conseiller la guerre : connoissez-vous la balance du commerce de votre pays ? en avez-vous étudié les élémens ? avez-vous balancé avec les avantages que vous attendez de la guerre, le dommage que pourra porter au commerce l'accroissement des impôts et le renchérissement de l'industrie ? enfin, avez-vous évalué l'étendue des sacrifices que peut mériter le but même où vous aspirez ?

Rien de plus simple que le mot de com-

merce, quand on n'en saisit que l'acceptation
vulgaire : rien de plus compliqué, quand
on en fait l'application à l'universalité des
échanges, à l'importance des uns, à l'inu-
tilité des autres, au désavantage de plusieurs, enfin aux vues politiques, et à toutes
les combinaisons inattendues que la guerre
et les grands évènemens occasionnent. Il
faut donc une lente et profonde réflexion,
avant que de se déterminer à mettre le monde
en feu pour un intérêt de commerce; et il
ne faut jamais perdre de vue, qu'au milieu
de la paix, une diminution sur certains
droits, un encouragement donné à certaines
exportations, une faveur obtenue chez quelques nations étrangères, et tant d'autres
avantages dus à une administration sage,
valent mieux souvent que l'objet auquel on
veut atteindre par des flottes et par des
armées.

Les nations, dans l'état sauvage, étoient
entraînées par des passions aveugles et dé-
réglées, et ces passions se sont un peu cal-
mées par l'effet de la civilisation; mais la
multitude et la confusion d'intérêts divers
que les idées d'argent, de commerce, de
richesses nationales et d'équilibre de puis-

sance ont introduites , sont devenus d'autres causes d'inimitiés et de jalousies; de sorte que l'humanité ne jouit encore qu'imparfaitement de son changement d'état; et c'est un véritable malheur pour les peuples, quand les gouvernemens se sont habitués à n'appercevoir la force des Etats que dans ces avantages extérieurs, dont la contexture et la combinaison forment la scienee politique.

Les démêlés les plus sanglans n'étoient autrefois qu'une explosion passagère, après laquelle chaque peuple se reposoit sur ses armes brisées ou triomphantes. La paix étoit la paix, elle n'est aujourd'hui qu'une guerre sourde; tout Etat repousse les productions étrangères, ou par des prohibitions, ou par des gênes souvent équivalentes à des prohibitions; tout Etat refuse les siennes aux conditions qui pourroient les faire rechercher ou en étendre la consommation. L'ardeur de se nuire réciproquement s'étend d'un pôle à l'autre. En vain la nature avoit réglé que, sous ses sages lois, chaque contrée seroit opulente, forte et heureuse de la richesse, de la puissance, du bonheur des autres : elles ont comme de concert dérangé ce plan d'une bienveillance universelle au détriment de toutes. Leur ambition les a porté à s'isoler, et cette situation solitaire leur a fait désirer une prospérité exclusive. Alors le mal a été rendu pour le mal, on a opposé les artifices aux artifices, les proscriptions aux proscriptions, les fraudes aux fraudes. Les nations se sont énervées en voulant énerver les nations rivales, et il étoit impossible qu'il en fût autrement. Les rapports du commerce sont tous très-intimes : une de ses branches ne peut éprouver quelque contrariété, sans que les autres n'en ressentent le contre-coup. Il entrelace les peuples, les fortunes, les échanges ; c'est un tout dont les diverses parties s'attirent, se soutiennent et se balancent.

L'esprit de discorde a passé des souverains aux peuples. Les citoyens des divers Etats arment pour se dépouiller réciproquement. On ne voit que vaisseaux marchands changés en vaisseaux corsaires. Une passion effrénée pour le brigandage excite, pousse à ce vil métier ceux qui les montent. La rencontre d'un navigateur paisible les remplit d'une joie féroce, qui se manifeste par les plus vifs transports. La cupidité les rends cruels

et homicides. Un ennemi plus heureux, plus
fort ou plus hardi leur ravit à son tour leur
proie, leur liberté, leur vie. Mais la vue
d'un péril si ordinaire ne ralentit ni leur
avarice, ni leur rage. Cette frénésie n'est
pas nouvelle, on l'a connue dans les siècles
les plus reculés elle s'est perpétuée d'âge
en âge. Toujours l'homme, même sans être
pressé par l'aiguillon indomptable de la
faim, cherche à dévorer l'homme. Cependant la calamité qu'on déplore ici n'étoit
jamais montée au point où nous l'avons vue.
L'activité de la piraterie a augmenté à
mesure que les mers ont fourni plus d'alimens à son avidité, à son inquiétude.

Pourquoi deux nations qui se déclarent
la guerre s'interdisent-elles d'abord tout
commerce réciproque? Cet usage est un
reste de notre ancienne barbarie. Faut-il
écouter sa haine contre son ennemi, quand
on devient soi-même la victime de son ressentiment? Peut-être aussi qu'une politique
timide et stérile en ressources a persuadé
qu'il étoit dangereux de recevoir chez soi,
en temps de guerre, les sujets de son ennemi. Je conviens qu'il seroit imprudent
de leur accorder alors la même liberté dont

ils jouissoient pendant la paix; mais quel inconvénient y auroit-il pour deux peuples de convenir respectivement d'une ou deux places de franchise , que leurs négocians pourroient fréquenter avec liberté? Il seroit facile d'y établir une police capable de rassurer les esprits les plus soupçonneux. Les commerçans sont de tous les hommes les moins patriotes , et ils se garderoient bien de nuire à leurs intérêts particuliers par un zèle indiscret.

En interdisant le commerce , on veut nuire à son ennemi , et on a raison ; mais on a tort si, par cette conduite, on se fait à soi-même un préjudice égal à celui qu'on veut lui faire. Dans la situation actuelle de l'Europe il n'y a point d'Etat qui, par ses interdictions , ne se trouve subitement privé de quelque branche de son commerce, et ne se ressente de ce défaut de circulation. Les marchands se trouvent surchargés d'une grande quantité de marchandises ; elles dépérissent dans leurs magasins ; les fonds ne rentrent point ; les manufactures languissent; les ouvriers deviennent à charge par leur pauvreté ; les productions de la terre se perdent faute de consommation ; les denrées

étrangères, que l'habitude a rendu nécessaires, augmentent de prix; les marchandises,
dont l'usage est indispensable, entrent en
contrebande, malgré toutes les défenses :
et il résulte de tout cela que l'Etat est frustré
du produit de ses douanes, et que ses revenus diminuent ou se perçoivent plus dif-
ficilement dans le temps même qu'il est
obligé de faire des dépenses extraordinaires.

On ne peut remédier à un abus si funeste
pour les commerçans, et dont, par contre-
coup, toutes les classes des citoyens éprouvent
les suites déplorables, qu'après avoir pros-
crit un usage plus pernicieux, et qui multiplie, sans nécessité, les maux de la guerre ;
je veux parler des pirateries qui s'exercent
sur les navires marchands, aussitôt que
deux puissances cessent d'être en paix.

Nous regarderions avec horreur une armée qui feroit la guerre aux citoyens et les
dépouilleroit de leurs biens. Ce seroit violer
le droit des gens et toutes les lois de l'humanité ; or je demande comment ce qui
seroit infâme sur terre, peut devenir honnête ou du moins permis sur mer ? Si une
nation qui ne fait aucun commerce sur mer
poursuivoit les vaisseaux marchands de son

ennemi et ne vouloit pas renoncer à son droit de piraterie pendant la guerre, je n'en serois pas étonné; il n'est que trop ordinaire que l'intérêt fasse oublier aux hommes les règles de la morale; mais que cette fureur stupide subsiste entre des peuples commerçans, c'est ce qu'il est impossible de concevoir. Interrogez les négocians français, anglais, hollandais, etc., leur réponse sera la même. Ils voient avec horreur les armemens en course; et ils apprendroient, avec la plus vive satisfaction, que les puissances se sont promis, en cas de rupture, de ne plus permettre à leurs sujets le métier de corsaires, et de défendre à leurs vaisseaux d'insulter les navires marchands, et de s'en saisir. Interrogez ensuite les politiques; aucun ne vous dira que les déprédations des armateurs aient décidé du succès et du sort de la guerre. Quand on parle d'établir la liberté du commerce pendant la guerre, il n'est point question de marchandises de contrebande ou des choses nécessaires à la guerre, le transport en demeureroit toujours prohibé. On saisit aujourd'hui, avec justice, les vaisseaux neutres qui portent des munitions de guerre à une puissance ennemie;

cette loi ne doit point être abrogée, et dès-
lors les objections qu'on peut proposer ne
subsistent plus.

Voulez-vous terminer des maux que des
systêmes mal combinés ont fait à la terre
entière ? abattez les funestes murs dont les
nations se sont entourées. Vous menacez vos
voisins, vous formez des projets d'aggrandissement et de conquêtes ! Ah ! quittez ces
ambitieuses chimères !

Savez-vous ce qui constitue la véritable
force des Etats ? c'est la sagesse de ses lois,
c'est la modération de ceux qui gouvernent.
Dans un gouvernement modéré, le citoyen
aime sa patrie ; il l'aime, parce qu'il est
heureux. L'amour de la patrie produit toutes
les vertus qui sont la base de la prospérité
de l'Etat, l'amour du travail, la frugalité,
l'innocence des mœurs, le courage, la discipline, la constance dans les revers ; on
est prêt à tout oser, à tout souffrir, pour
une patrie qu'on idolâtre ; et ce sentiment
vif et profond, qui dispose tous les citoyens
à se sacrifier mille fois pour elle, n'est que
le sentiment d'une dette contractée en
naissant, accrue tous les jours par ses bienfaits, et dont on brûle continuellement

de s'acquitter, sans se flatter d'être jamais quitte.

Réformez donc vos gouvernemens, peuples et rois, dont l'ambition veut prendre un essor redoutable et inspirer à toute l'Europe un sentiment de terreur et d'admiration ; réglez vos lois, corrigez vos mœurs, établissez dans vos camps une discipline sévère ; maîtres alors d'un Etat solidement constitué, hommes, vraiment dignes de commander à des hommes, étendez au loin votre heureux empire, donnez des lois aux nations prêtes à se taire devant vous. Que dis-je ? abjurez plus que jamais la fatale erreur des conquêtes ; ne sacrifiez pas à la vaine gloire des armes le bonheur solide qui naît de la paix ; n'aspirez à gouverner que par l'exemple de vos vertus ; que vos forces, redoutables aux seuls ambitieux, entretiennent dans l'Europe une concorde éternelle.

Puissiez-vous, toujours invincibles, lorsqu'il s'agira de vous défendre, toujours trop foibles pour attaquer, éprouver en même-temps cette confiance et cette crainte qui empêchent l'abus des forces, et ne les laissent pas énerver dans l'oisiveté ! puissiez-vous ne former qu'une république, où vingt peuples rivaux, sans être ennemis, ne combattent que d'honneur, de sagesse, de probité, d'humanité, d'industrie, et donner, au monde étonné, le spectacle qu'il n'a jamais vu de la puissance la plus formidable, avec la plus grande modération, et du bonheur le plus calme et le plus profond, au milieu des moyens les plus capables d'exciter d'horribles tempêtes.

CHAPITRE TROISIÈME.

Droit de Guerre et de Conquête.

L'AMBITION des princes et la fureur des hommes fait couler en tous lieux le sang humain. Le pacte social, mal formé, introduit la guerre dans l'intérieur de l'Etat, et chaque famille en éprouve les horreurs; une puissance illimitée abuse de tout et détruit tout. Le Maroquin n'a pour sceptre qu'un sabre; et, dans ses caprices, il dispose des têtes de ses sujets, comme les enfans des jouets sacrifiés à leur imprudence. Des peuples, vexés par l'excès ou la mauvaise assiète des impôts, ne peuvent ni exister, ni élever leurs familles; des mœurs perverses font méconnoître le bonheur de l'union conjugale et de la paternité; on ne recherche la puissance que par les abus, et le plaisir devient mortel. Ainsi les institutions sociales, les lois, les mœurs, les préjugés, les usages, les goûts, détruisent les hommes, et dépeuplent la terre. Malgré ces terribles effets, dont tous les Etats sont plus ou moins les victimes , la politique la plus sage est souvent obligée de recourir à la guerre ; c'est le dernier remède qui lui reste pour réprimer les entreprises des peuples injustes et déraisonnables ; c'est toujours à regret qu'elle arme les mains des citoyens , c'est toujours avec empressement qu'elle les désarme , pour les rendre à la patrie. Elle n'ignore point que la guerre est pour eux une maladie convulsive , dont la durée les accable et les conduit à la mort.

Pour un gouvernement éclairé, la guerre n'est jamais que le chemin de la paix : une sage administration la préfère, même désavantageuse, à la guerre la plus heureuse, qui coûte toujours à l'Etat ses trésors, ses habitans , ses biens les plus précieux. Les armes ne sont faites que pour conserver aux nations ce que la tranquillité leur a fait acquérir. Les Etats sont toujours assez grands , dès qu'on ne songe qu'à les rendre fortunés.

Une nation prévoyante et sensée ne devroit-elle pas s'imposer la loi de ne jamais s'agrandir , de ne point faire d'acquisitions nouvelles ? En augmentant l'étendue d'un Etat, on augmente bien plus sa misère que sa félicité. Les peuples ne se lasseront-ils jamais de répandre leur sang, et de dissiper les richesses qu'ils possèdent déjà, pour obtenir des conquêtes incertaines et onéreuses, ou pour faire valoir les prétentions douteuses de leurs chefs insatiables ? Quelles ames doivent avoir ces conquérans impitoyables qui commencent toujours par ruiner et immoler les sujets qu'ils ont, dans l'espoir incertain d'en acquérir d'autres ? Tous les chefs des nations n'ont-ils donc pas assez d'affaires quand ils veulent sagement gouverner leurs Etats !

On demandera, peut-être, quels sont les droits que donne la guerre, et jusqu'à quel point il lui est permis de porter ses fureurs? Donner des lois au désordre, fixer des limites à la colère d'un conquérant et du soldat effréné, c'est sans doute vouloir soumettre le délire à la raison, la passion à la réflexion. Il est pourtant des bornes que la nature prescrit à l'impétuosité des hommes : la raison les trace d'après l'expérience, et la fougue s'habitue à les méconnoître au sein même de la destruction. Les hommes, sans renoncer à leurs folies, en sentent les inconvéniens, et consentent à modérer ses effets. Telle est l'origine de ce droit des gens, fondé sur des conventions réciproques, par lesquelles les peuples, pour leurs intérêts mutuels, s'accordent à user, avec quelque modération, du pouvoir que la force leur donne. Le cri de l'humanité, de l'intérêt des hommes, se fait donc quelquefois entendre, même au milieu du bruit des armes. Il apprend aux vainqueurs les plus farouches que leurs ennemis sont des hommes ; que, s'il est juste de les réprimer, il est injuste de les détruire, dès qu'ils cessent d'être à craindre. Il montre aux conquérans que leurs conquêtes sont infructueuses pour eux-mêmes, quand, par un carnage inutile, ils exterminent ceux dont ils vouloient se faire des sujets : enfin, tout leur annonce que les armes étant journalières, le soldat victorieux aujourd'hui, peut devenir demain la victime de la cruauté qu'il a montré lui-même. C'est ainsi que l'intérêt et le besoin ramènent les hommes, même malgré eux, aux devoirs de la morale et de l'équité.

Du moins on peut se féliciter de ce que la guerre est devenue moins terrible. Autrefois, la victoire étoit un arrêt de mort contre toute une nation ; tout étoit dans la main du vainqueur, la vie, la liberté, les propriétés ;

l'humanité seule permettoit au peuple vaincu d'exister, et on loua chez les Romains la clémence de César, qui pourtant fit massacrer les sénateurs rassemblés à Utique : ce même César, si on en croit l'auteur de sa vie, avoit combattu trois millions d'hommes, il en avoit tué un million, et en avoit fait esclave un autre. Parcourez l'histoire, et toutes les guerres vous paroîtront un tissu d'horreurs qu'ont successivement adouci les mœurs des nations policées : aujourd'hui, les peuples se combattent sans se haïr, les armées seules se font la guerre, et le citoyen ne redoute de glaive que celui de la justice. Presque toujours les propriétés sont respectées, et les puissances seules sont attaquées. Heureusement, l'Europe s'est préservée depuis long-temps des guerres de religion et des guerres civiles, les deux causes les plus terribles de l'effusion du sang humain. Il seroit à désirer, pour la conservation de l'espèce humaine, que chaque Etat, sans affoiblir sa puissance, n'employât au métier de la destruction que le moindre nombre d'hommes possible.

La vraie politique n'est ni destructive ni cruelle ; contente d'abaisser et d'affoiblir ses ennemis, de déconcerter leurs complots, de réprimer leurs injustices, elle ne veut point les écraser sous le char de la victoire ; elle se souvient toujours que c'est s'exposer à tout perdre, que de pousser ses ennemis au désespoir. Si ses succès n'ont point répondu à son attente et à la sagesse de ses mesures, elle cède au temps, et consent plutôt à commander à des peuples moins nombreux, à des Etats moins étendus, que d'exposer, par une opiniâtreté très-inutile, sa nation à une ruine totale.

C'est ici qu'il faut se donner le plaisir de citer les maximes sublimes de l'esprit des lois sur cette matière. Si jamais vérité morale fut démontrée, il me semble que c'est l'utilité générale qui résulteroit de leur application. On ne peut rien de plus solide et de plus exact que les raisonnemens par lesquels l'auteur les établit. Les avantages qui en résulteroient pour chaque peuple, sont immenses, clairs, incontestables : mettez leur théorie en pratique durant un seul jour, c'en est assez pour faire durer éternellement la tranquillité de l'Europe. Voilà ce qu'il faudra souvent redire aux hommes avant qu'ils le comprennent, plus souvent encore

avant qu'ils le croient , et bien plus souvent
encore avant qu'ils se conduisent en conséquence : mais il ne faut pas leur épargner la
répétition de ce qui est vrai et utile ; il ne
faut pas sur-tout craindre pour soi-même les
inconvéniens de cette répétition , ni mettre
son amour-propre d'auteur en jeu , quand il
s'agit des droits de la raison et des intérêts
de l'humanité.

  » La vie des États, dit le président Montes-
» quieu , est comme celle des hommes , ceux-
» ci ont le droit de tuer dans le cas de la dé-
» fense naturelle , ceux-là ont le droit de faire
» la guerre pour leur propre conservation.

  » Dans le cas de la défense naturelle , j'ai
» droit de tuer , parce que ma vie est à moi
» comme la vie de celui qui m'attaque est
» à lui , de même un État fait la guerre ,
» parce que sa conservation est juste comme
» toute autre conservation.

  » Le droit de la guerre dérive donc de
» la nécessité et du juste rigide ; si on ne
» s'en tient pas là tout est perdu , et l'orsqu'on
» se fondera sur des principes arbitraires de
» gloire , de bienséance, d'utilité, des flots
» de sang inonderont la terre. Que l'on ne
» parle pas sur-tout de la gloire de la nation:

» sa gloire seroit son orgeuil , c'est une
» passion et non pas un droit légitime. Il
» est bien vrai que la réputation de sa puis-
» sance pourroit augmenter les forces de son
» Etat, mais la réputation de sa justice les
» augmenteroit encore plus.

» Entre les citoyens, le droit de la défense
» naturelle n'emporte point avec lui la né-
» cessité de l'attaque : au lieu d'attaquer, ils
» n'ont qu'à recourir aux tribunaux. Ils ne
» peuvent donc exercer le droit de cette
» défense, que dans les cas momentanés,
» où l'on seroit perdu si l'on attendoit le
» secours des lois. Mais on a osé dire qu'en-
» tre les sociétés, le droit de la défense na-
» turelle entraîne quelquefois la nécessité
» d'attaquer, lorsqu'un peuple voit qu'une
» plus longue paix en mettroit un autre en
» état de le détruire, et que l'attaque est
» dans ce moment le seul moyen d'empêcher
» cette destruction.

» Voilà une des maximes des plus dan-
» gereuses et inconciliable avec ce principe
» énoncé plus haut, que le droit de la guerre
» dérive du juste rigide. Or , il n'est rien
» moins que du juste rigide, qu'un peuple
» en attaque un autre, lorsqu'il voit qu'une

» plus longue paix mettroit cet autre peu-
» ple en état de le détruire. Il est permis
» à toute société civile de profiter des avan-
» tages de la paix pour se mettre dans le
» meilleur état qu'elle peut, tandis qu'elle
» ne fait qu'user de ses propres droits, sans
» nuire à ceux de ses voisins, ou sans les
» usurper : une autre société n'a donc aucun
» droit de l'attaquer pour cela seul, que
» cette première société seroit en état de
» la détruire, à moins qu'elle ne fasse ac-
» tuellement des préparatifs de guerre contre
» elle. Les soupçons, les craintes incer-
» taines, qu'une grande puissance peut cau-
» ser, ne suffisent pas. Il faut, disent tous
» les écrivains judicieux, que la justice de
» la guerre qu'on nomme offensive soit
» claire et manifeste, ensorte qu'il n'y ait
» plus de doute ni sur le fait ni sur le droit,
» c'est-à-dire, qu'il faut que cette même
» guerre soit purement défensive pour le
» fonds.

» Du droit de la guerre dérive celui de
» conquête, qui en est la conséquence; il
» en doit donc suivre l'esprit. La conquête
» est une acquisition, l'esprit d'acquisition
» porte avec lui l'esprit de conservation et

» non pas celui de destruction. Le droit du
» conquérant résulte du droit de sûreté,
» établi par le droit des gens, qui tire à
» son tour son origine du droit naturel. Il
» est uniquement fondé snr le grand principe
» de la loi naturelle, qui oblige le conqué-
» rant à traiter le peuple conquis suivant
» les règles de l'humanité ; à n'avoir d'autre
» but que le bien-être de ce peuple, consi-
» déré relativement à la sûreté qu'il a dû se
» proposer par la conquête ; et suivant que
» les circonstances pourront le permettre, il
» continuera à gouverner le peuple conquis
» selon ses lois, ou lui donnera un nouveau
» gouvernement politique et civil.

» Les auteurs de notre droit public, fondés
» sur les histoires anciennes, étant sortis des
» cas rigides, sont tombés dans de grandes
» erreurs. Ils ont donné dans l'arbitraire ;
» ils ont supposé dans les conquérans un
» droit, je ne sais quel de tuer ; ce qui leur
» a fait tirer des conséquences terribles,
» comme le principe, et établir des maximes
» que les conquérans eux-mêmes, lorsqu'ils
» ont eu le moindre sens, n'ont jamais prises.
» Il est clair que, lorsque la conquête est
» faite, le conquérant n'a plus le droit de

» tuer , puisqu'il n'est plus dans le cas de
» la défense naturelle et de sa propre con-
» servation.

» Ce qui les a fait penser ainsi , c'est qu'ils
» ont supposé que le conquérant avoit droit
» de détruire la société ; d'où ils ont conclu
» qu'il avoit celui de détruire les hommes
» qui la composent, ce qui est une consé-
» quence faussement tirée d'un faux prin-
» cipe ; car, de ce que la société seroit
» anéantie, il ne s'ensuivroit pas que les
» hommes qui la forment dussent aussi être
» anéantis. La société est l'union des hom-
» mes, et non pas les hommes. Le citoyen
» peut périr et l'homme rester.

» Du droit de tuer dans la conquête, les
» politiques ont tiré le droit de réduire en
» servitude ; mais la conséquence est aussi
» mal fondée que le principe. On n'a droit
» de réduire en servitude que lorsqu'elle est
» nécessaire pour la conservation de la con-
» quête. L'objet de la conquête est la con-
» servation ; la servitude n'est jamais l'objet
» de la conquête ; mais il peut arriver qu'elle
» soit un moyen nécessaire pour aller à la
» conservation. Contre un ennemi, je puis
» tout ce qui tend à ma sûreté : je le tue,

» s'il fait de la résistance ; je le réduis en
» servitude, si je crains qu'il n'obéisse pas
» en sujet.

» Dans ce cas, il est contre la nature de
» la chose que cette servitude soit éternelle.
» Il faut que le peuple esclave puisse devenir
» sujet ; l'esclavage dans la conquête est
» une chose d'accident. Lorsqu'après un
» certain espace de temps toutes les parties
» de l'Etat conquérant se sont liées avec
» celles de l'Etat conquis, par des coutumes,
» des mariages, des lois, des associations,
» et une certaine conformité d'esprit, la ser-
» vitude doit cesser ; car les droits du con-
» quérant ne sont fondés que sur ce que ces
» choses ne sont pas, et qu'il y a un éloigne-
» ment entre les deux nations, tel que
» l'une ne peut pas prendre confiance en
» l'autre.

» Ainsi, le conquérant qui réduit le
» peuple en servitude, doit toujours se ré-
» server des moyens pour l'en faire sortir,
» et ces moyens sont sans nombre.

» Au lieu de tirer du droit de conquête
» des conséquences si fatales, les politiques
» auroient mieux fait de parler des avan-
» tages que ce droit peut apporter quelque-

» fois au peuple vaincu. Ils les auroient
» mieux sentis, si le juste rigide étoit exac-
» tement suivi, et s'il étoit établi dans toute
» la terre...

» Les Etats que l'on conquiert ne sont pas
» ordinairement dans la force de leur insti-
» tution. La corruption s'y est introduite,
» les lois ont cessé d'y être exécutées, le
» gouvernement est devenu oppressif. Qui
» peut douter qu'un Etat pareil ne gagnât
» et ne tirât quelques avantages de la con-
» quête même, si elle n'étoit pas destruc-
» trice ? Un gouvernement parvenu au point
» où il ne peut plus se réformer lui-même,
» que perdroit-il à être refondu ? Une con-
» quête peut détruire les préjugés nuisibles,
» et mettre, si j'ose parler ainsi, une nation
» sous un meilleur génie.

» C'est à un conquérant à réparer une
» partie des maux qu'il a faits. Je définis
» ainsi le droit de conquête : un droit né-
» cessaire, légitime et malheureux, qui
» laisse toujours à payer une dette immense,
» pour s'acquitter envers la nature humaine.

» Le plus beau traité de paix dont l'his-
» toire ait parlé, est, je crois, celui que
» Gelon fit avec les Carthaginois. Il voulut

» qu'ils abolissent la coutume d'immoler
» leurs enfans. Chose admirable ! Après
» avoir défait trois cent mille Carthaginois,
» il exigeoit une condition qui n'étoit utile
» qu'à eux, ou plutôt il stipuloit pour le
» genre humain. »

Aucun gouvernement ne peut réprimer l'injustice des nations étrangères que par le terrible droit de la guerre, qui n'est autre chose que le pouvoir que le nature, en destinant l'homme à se conserver lui-même, lui a donné d'employer la force contre la violence qui le menace de sa destruction. Car le bonheur de l'Etat peut être traversé ou détruit par des peuples qui ne lui sont point soumis : il a donc alors le pouvoir de leur résister, de les attaquer même, lorsque l'attaque entre évidemment dans le plan d'une défense nécessaire.

Ce droit de faire la guerre, qu'on appelle la dernière raison des souverains, et que l'ignorance du vulgaire regarde comme le comble de leur force, loin de prouver leur pouvoir, atteste au contraire leur impuissance, et indique les bornes de leur autorité; car on ne fait la guerre qu'à ceux auxquels on n'est pas en droit de commander.

C'est dans le sein de ses États que le gouvernement est toujours puissant par les lois ;
souvent il est foible chez les étrangers par
les armes ; et le dernier période de foiblesse et de malheur pour lui, est d'être
réduit à faire la guerre à ses propres citoyens.

Le pouvoir de faire obéir ceux-ci sans
employer la violence, de conduire leur volonté sans mettre des entraves à leur liberté,
l'heureuse habitude de ne recourir à la force
que pour des cas rares, dans lesquels même
son exercice est commandé et mesuré par la
loi, voilà le caractère du gouvernement.
Dans les délibérations qui se rapportent à
l'administration de l'État, il a devant les
yeux des règles fixes et des formes connues,
au-dessous de lui, des agens accoutumés à
les suivre. S'il n'a rien à se reprocher dans
le choix qu'il en fait, il n'est pas respon-
sable de leurs erreurs, dont les suites, quelques importantes qu'elles puissent être, ne
sont rien en comparaison des funestes effets
de la guerre la plus juste.

Mais s'agit-il d'armer un peuple contre
un autre, le gouvernement n'a, pour se déterminer, que les principes de la justice na-

turelle qui l'éclairent. Or, que lui dictent ces principes qu'il n'est de guerre juste que celle qui est nécessaire à la nation , ou pour se conserver contre l'invasion , ou pour renverser l'obstacle qui s'oppose à l'exercice de ses droits.

Je dis celle qui est nécessaire ; car il se peut que le motif de la guerre soit juste, et que la guerre ne le soit pas. Or, elle ne l'est jamais , dès qu'il a été possible de l'éviter sans qu'il en coûtât rien à la nation.

Pour qu'un gouvernement use avec justice du droit de combattre , il faut donc , 1°. que ce soit une cause juste qui lui mette les armes à la main ; 2°. qu'avant que de les prendre , il ait épuisé toutes les voies de conciliation qui peuvent l'en dispenser ; 3°. que, dans la guerre même , il fasse respecter les droits de l'humanité , et n'oublie jamais qu'il ne lui est permis de détruire son ennemi , que lorsqu'il lui est impossible de le forcer à être juste.

Il est, entre les chefs des nations , un art qui n'a été que trop décrié par l'indigne abus qu'en ont fait leurs ministres ; mais qu'un peuple ami de la justice doit épurer en le dirigeant à sa véritable fin. Je parle de la politique. Elle n'est cependant pour les Etats que ce qu'est pour les particuliers cet esprit de conduite qui nous sert à éviter les pièges des méchans, et à tirer des hommes, sans leur nuire, les avantages qu'ils peuvent nous procurer.

Les rapports des peuples sont, entr'eux, ce que sont les relations d'homme à homme dans l'état de société naturelle. Les particuliers se lient par des contrats, les nations se lient par des traités. Il y a donc entre elles une justice, et ses principes sont les mêmes que ceux qui dirigent nos actions. L'art de la politique doit être, non celui d'éluder les traités par des équivoques ou des subtilités, non de se préparer de loin des occasions de profiter de la foiblesse d'un voisin, mais de découvrir celles qu'il peut avoir de nous nuire, et le talent de disposer d'avance toutes ses ressources pour l'en empêcher. Il est permis de profiter de ses fautes, jamais de lui tendre des embuches. La politique a long-temps passé parmi nous pour l'art insidieux d'endormir et de tromper les amis et les ennemis; de leur cacher, avec le même soin, notre ambition et notre foiblesse; de les engager dans un labyrinthe

6.

ténébreux de discussions et d'embarras, où
la prudence elle-même ne pourroit manquer
de s'égarer; d'employer, pour y réussir,
tous les petits moyens, toutes les intrigues
déshonorantes, tous les honteux mystères
de cour, que des passions envenimées par
la cupidité, mais sans noblesse, sans suite
et sans vues, pouvoient suggérer; et d'abuser, sur-tout pour en imposer, de tout ce
que les hommes ont de plus respectable et
de plus sacré. Cet art, professé avec em-
phase et d'un air mystérieux par ceux qui
s'en mêloient, étoit aussi ridicule dans leurs
discours et dans leurs écrits, qu'il étoit odieux
et vain dans ses principes et dans ses maximes.
Du reste, pour être politique, il ne falloit
avoir ni principes suivis, ni véritable intérêt d'agir, ni proportion sage et hardie
entre sa force et ses moyens.

Inutilement me fera-t-on observer que la
plupart des nations ont banni, des relations
qu'elles ont entre elles, et l'incommode vérité, et les scrupules gênans; et que si dans
une société tout le monde n'est occupé qu'à
tromper, l'homme intègre et irréprochable,
se trouvera nécessairement victime de l'artifice de ses rivaux. Je réponds que souvent

le moyen de déconcerter les intrigues et de rendre les fraudes inutiles est de se tenir constamment attaché aux règles de la plus scrupuleuse équité ; que le fourbe qui ne juge les autres que d'après son propre cœur, ne cherche ordinairement son adversaire que dans des sentiers obliques , et le manque toujours lorsque celui-ci ne se détourne jamais des routes de la vérité et de la justice.

Mais ce qu'on ne doit jamais oublier, c'est que la fraude n'est presque jamais que la ressource du lâche et l'apanage de la foiblesse. Ce furent ces petits tyrans qui partageoient et désoloient l'Italie , lorsque Charles VIII y porta la guerre, qui empoisonnèrent la politique de l'Europe, et Machiavel ne fit que mettre en préceptes spéculatifs leurs indignes et ténébreuses pratiques. Louis XI rusoit avec la licence, parce qu'il ne savoit pas la terrasser. Un gouvernement sage , qui connoît ses forces et sait les faire valoir , a-t-il besoin de descendre à l'intrigue ? Et en quoi le manège peut-il le servir ? L'art des négociations ne doit être pour ses ministres que celui de découvrir et de déconcerter les intrigues qui tendroient à troubler le repos des nations.»

et non celui de semer des haines qui les divisent.

J'ai placé ici ces réflexions sur la politique, parce que c'est le bon ou le mauvais usage de cet art qui prévient ou occasionne les guerres. Il en est peu qui n'aient pour motif ou pour prétexte, ou les clauses ambiguës des traités, s'ils sont obscurs, ou, s'ils sont clairs, les démarches imprudentes qui s'en écartent. Si donc un des premiers devoirs d'un gouvernement est d'éloigner des peuples ce fléau terrible, la base de sa politique doit être la justice, non-seulement parce qu'il la doit aux autres Etats, comme les particuliers se la doivent entre eux; mais encore parce que c'est l'unique moyen d'assurer à sa nation la paix, qui est toujours et le plus légitime objet de leurs vœux, et le premier fondement de leur bonheur.

Mais si la justice doit mettre aux gouvernemens les armes à la main, loin de cesser d'être leur règle lorsqu'ils les ont prises, c'est principalement alors qu'elle doit veiller avec plus de soin sur leurs moindres démarches; c'est elle qui doit peser dans sa balance ces ordres terribles que l'on donne quelquefois avec tant de légéreté. Car, que

deviendra l'univers , si , lorsque toutes les
lois humaines se taisent , la loi éternelle ne
conserve pas son empire ? Faisons-y réflexion,
le droit de détruire n'existe que lorsqu'il se
confond avec le devoir de conserver et de
défendre ; car, toutes les fois qu'il s'agit de
nuire , ce n'est plus le pouvoir, c'est sa règle
qu'il faut consulter ; et cette règle n'est autre
chose que l'absolue nécessité.

En partant de cette vérité, que d'injustices peuvent se commettre dans les guerres
les plus justes ? Que de combats dans lesquels un général ne sacrifie qu'à sa vanité
le sang le plus précieux ? Que de démarches
également meurtrières et inutiles ! Que de provinces ravagées lorsqu'elles ne demandoient
qu'à se soumettre ! Que de peuples écrasés
qui eussent pu n'être que conquis ! Que de
maux causés par l'indiscipline du soldat et
par la licence des chefs ! Que de familles im-
molées, non à l'avantage des troupes , mais
au ressentiment ou à l'avarice des généraux !
Ecartons des détails qui font frémir ; mais
gémissons sur le malheur des gouvernemens
les plus justes , au nom desquels, dans ces
temps de désordre et de calamité, il n'arrive que trop souvent de voir les plus saintes

lois de l'humanité foulées aux pieds par des barbares. Tels sont les principes sur lesquels la justice règle la défense que les chefs des nations doivent à leurs Etats, contre l'injustice des peuples étrangers ; il sont les mêmes que ceux qui doivent diriger l'exercice de cette autorité bienfaisante , qui défend la nation contre sa propre injustice.

On dira que les cabinets des puissances ne se décident pas d'après les maximes de la froide raison , de l'exacte probité et des écrits des philosophes. Sans doute il est trop vrai que l'on consulte rarement les leçons de la sagesse ou les droits de l'humanité. Mais est-ce aux sages à flatter les passions des princes ou des peuples ? Au lieu de s'en rendre les complices , ne doivent-ils pas plutôt tonner contre ces crimes publics , jusqu'à ce qu'on les entende ? S'ils éclairoient l'Europe sur les démarches d'un ambitieux, peut-être il craindroit de s'attirer la haine et les reproches de l'univers , peut-être il s'arrêteroit sur le point de commettre une injustice manifeste. Si l'écrivain retenoit César sur les bords du Rubicon , s'il faisoit naître des scrupules au fond de son cœur , s'il prévenoit une seule guerre injuste , ne seroit - ce pas le plus grand service qu'un simple citoyen peut rendre à sa patrie et à l'humanité.

L'idée de justice est tellement une vérité du premier ordre , à laquelle tous les cabinets de la politique n'osent refuser leur assentiment , que les plus grands crimes qui affligent la société humaine sont tous commis sous le faux prétexte de justice. Le plus grand des crimes , du moins le plus destructif , et par conséquent le plus opposé au but de la nature , est la guerre ; mais il n'y a aucun agresseur qui ne colore ce forfait du prétexte de la justice. Tout brigand qui se trouve à la tête d'une armée , commence ses fureurs par un manifeste , et implore le dieu des armées.

Le mot d'injustice ne se prononce jamais dans un conseil d'état où l'on propose la guerre la plus injuste. Les conspirateurs , même les plus sanguinaires , n'ont jamais dit : commettons un crime ; ils ont tous dit : vengeons la patrie des crimes du tyran ; punissons ce qui nous paroît une injustice. En un mot , lâches , monstres , barbares , conspirateurs odieux , voleurs , plongés dans l'iniquité, tous rendent hommage, malgré eux, à la vertu même qu'ils foulent aux pieds.

Les déprédateurs romains faisoient déclarer toutes leurs invasions justes, par le collège des Féciales. Le sénat, avant de commencer les hostilités, envoyoit demander, suivant le droit des gens, réparation au peuple qu'il se disposoit à attaquer. Un féciale étoit chargé de cette mission; ou, si son importance nécessitoit un ambassadeur extraordinaire, un féciale l'accompagnoit; il devoit s'écouler trente jours entre cette formalité et le commencement des hostilités. Si la sommation n'avoit pas produit son effet à cette époque, c'est-à-dire, lorsque le général étoit prêt à entrer en campagne, un féciale retournoit sur la frontière ennemie, et, lançant contre elle un javelot ensanglanté, il déclaroit formellement la guerre dans les termes consacrés. Lorsque l'ennemi à *attaquer* se trouva trop éloigné de Rome pour que cette formalité pût s'exécuter sans perte d'un temps précieux, ont prit un moyen de satisfaire à la lettre du réglement religieux, sans s'assujettir à aucun délai funeste pour les opéra-

tions militaires. Le sénat fit consacrer, auprès de la ville, un terrein qui fut appelé
le *champ ennemi*. Un féciale y venoit faire
authentiquement sa déclaration de guerre ;
et si elle ne parvenoit pas jusqu'au peuple
intéressé à la connoître, les dieux, qui l'a-
voient entendu, n'en approuvoient pas moins
la *bonne foi romaine*, qui les prenoit à té-
moins.

Les féciales formoient entr'eux un collége
qui fut porté jusqu'à vingt membres. Ce
ministère, à-la-fois civil et religieux, étoit
très-considéré. On lui avoit attribué la connoissance de certaines affaires, ayant trait
à ce que nous appelons le *droit des gens*.
Le sénat s'en servit pour mettre du côté
des Romains les apparences de la justice,
dans ses déclarations de guerre, et pour re-
vêtir de formes religieuses et légales plusieurs actes de son administration étrangère.
Falloit-il conclure quelque traité ? le collège
des féciales intervenoit, afin que la politique pût s'étayer de la religion, qui avoit
tant d'ascendant sur les esprits, dans les
temps anciens. Un de ces ministres consacrés prononçoit, au nom du peuple romain,
le serment par lequel on juroit l'observa-

tion du traité conclu. Si l'on n'étoit pas scrupuleux à respecter les clauses de l'alliance, du moins on observoit fidellement de ne jamais s'écarter des formules qui en consacroient la solemnité.

CHAPITRE QUATRIÈME.

Que la plupart des guerres sont inutiles ; on ose même dire absurdes, puisqu'elles manquent presque toutes leur but.

JUSQU'A présent on a bien vu que les ambitieux et les conquérans sont injustes ; mais on n'a pas assez dit combien ils sont insensés. On a vu tout ce que la guerre a d'horrible ; on n'a pas osé voir tout ce qu'elle a d'absurde, je dirois même de ridicule, si la matière étoit moins grave.

J'appelle absurde un moyen qui manque nécessairement son but. La guerre étant un moyen affreux, il faudroit pour qu'on pût l'employer légitimement, que ce fût le seul moyen de remplir l'objet politique : mais sans exiger que ce moyen soit unique, demandons seulement s'il est efficace, et l'expérience de tous les siècles nous répondra qu'il ne le fut jamais.

La guerre est juste, ou elle est injuste ?

Injuste, elle veut conquérir ; juste, elle veut conserver. S'il ne s'agissoit que de conquérir ou de conserver pour le moment, il faudroit bien que la guerre remplît l'un ou l'autre objet ; mais on veut avec raison s'assurer une possession durable et paisible ; et voilà l'objet que la guerre ne remplit jamais. Si la guerre laisse deux puissances rivales au même point relatif, il est évident qu'elles n'ont fait que s'affoiblir et se ruiner en pure perte. Si l'une des deux puissances a un avantage marqué, l'autre fait ce qu'on appelle une paix honteuse, c'est-à-dire, une trêve perfide pour se préparer à une guerre plus heureuse, ou pour attendre des conjonctures plus favorables. Si enfin l'une des deux puissances détruit l'autre entièrement, elle ne tardera pas à être détruite ou considérablement affoiblie à son tour, soit par la jalousie de ses voisins, soit par les vices intérieurs qui minent sourdement les Etats trop vastes.

Egyptiens, Phéniciens, Babyloniens, Assyriens, Médes, Perses, Grecs, Carthaginois, Romains, Germains, tous se sont arraché tour-à-tour le sceptre du monde : des tyrans féroces ont abattu des tyrans efféminés : des peuples grossiers ont subjugué des peuples corrompus. Rome sur-tout a péri pour avoir trop conquis. Le droit du glaive, qui lui avoit soumis toutes les nations, la soumet à son tour aux barbares, et sa ruine commença à celle de Carthage.

Tel fut toujours l'effet des grandes révolutions et des grands renversemens. L'Etat vaincu accroissoit à l'Etat vainqueur; c'étoit un désert ajouté à un désert, pertes de toutes parts : il est clair que les Etats subjugués ont tout perdu, et que la guerre n'a pas été pour eux une sauve-garde suffisante; mais l'Etat vainqueur qu'a-t-il gagné, s'il doit périr plus infailliblement et plus promptement en proportion de ses accroissemens même? Or, c'est la révolution que l'histoire ramène à chaque pas, et la philosophie en voit aisément les causes dans l'origine violente de cette puissance, dans la haine qu'enfante la terreur, et dans l'envie qu'excitent les succès; dans la discordance des parties qui composent un grand Etat; dans l'impossibilité de porter le sang et la vie jusqu'aux extrémités d'un corps trop vaste; dans l'indifférence pour une patrie qui, commune à tous, n'est propre à personne; dans l'amour de la nouveauté, suite de cette indifférence; dans l'amour de la liberté, sentiment inné que la tyrannie n'étouffe jamais; dans les vices, enfans du luxe, qui infectent toujours plus un grand Etat qu'un

petit; dans la contagion de l'exemple qui multiplie les conquérans et les arme les uns contre les autres.

Mais les idées d'empire du monde, de monarchie universelle sont abandonnées, l'abus
des grands empires ne subsiste plus. En Europe, sur-tout, les Etats plus égaux, plus
bornés, comprimés par une gravitation réciproque, ne s'élancent plus guères au-delà de
leurs limites; ils se balancent, ils s'agitent
sans se détruire entièrement. On n'y fait
point de vastes conquêtes, parce que l'Europe
n'est qu'une grande famille, mal unie à la vérité, comme tant de familles, mais assez liée
pour que les divisions particulières deviennent
d'abord l'affaire générale. Le signal une fois
donné, tout s'arrange en conséquence; les
Etats divers prennent leurs mesures d'après
les petites vues politiques du moment : ils se
mettent deux contre deux, quatre contre
quatre, tantôt par ordre alternatif, tantôt
les extrêmes contre les moyens; le tout sans
autre objet certain que de répandre beaucoup
de sang et de dépenser beaucoup d'argent.
La discorde tire de leurs nœuds mêmes et des
droits compliqués qui en résultent des semences de haine et des principes de guerre.

On entre en campagne avec des armées qu'on ne peut ni recruter, ni payer : on s'arrache une ville, un canton. Deux grandes puissances passent des années entières à prendre, perdre ou reprendre un petit pays. Des alliés, sous prétexte d'empêcher l'agrandissement du plus fort, sont venus prendre part à la querelle. Ils ont mille fois passé de l'un des partis à l'autre; les intérêts ont tellement varié, qu'on ne les reconnoît plus : la guerre a changé de forme et d'objet, mais elle se fait toujours; vainqueur ou vaincu on s'épuise à-peu-près également. La masse des dettes nationales s'accroît, le crédit baisse, l'argent manque, les flottes ne trouvent plus de matelots, ni les armées de soldats. Les ministres, de part et d'autre, sentent qu'il est temps de négocier : la paix se fait. Quelques déserts en Amérique, ou quelques frontières en Europe, changent de maître : souvent la source des querelles n'est pas fermée, et chacun reste assis sur ses débris, occupé à payer ses dettes et à aiguiser ses armes.

Si jamais la guerre peut paroître moins étrangère aux hommes, c'est dans cet état sauvage et barbare qui les rapproche des bêtes féroces, lorsque leurs différentes hordes sont forcées de chercher, ou aux dépens les unes des autres, ou aux dépens des peuples policés, un établissement exclusif et nécessaire. Il faut l'avouer, les guerres des peuples barbares sont beaucoup moins déraisonnables que les nôtres. Chassés par leur multitude d'un sol ingrat et sans culture, qui ne peut plus les nourrir, ils se répandent dans des climats plus heureux, et vont opprimer des peuples que la puissance des arts rend moins propres à la guerre. L'aggresseur alors a du moins un intérêt puissant, un objet sensible et qu'il peut remplir; il a communément sur les peuples qu'il attaque, l'avantage de la force et de la férocité que donne la barbarie. C'est à lui qu'il appartient de combattre, il n'est point encore un homme : mais des peuples dont l'établissement est formé depuis long-temps, des peuples policés, entourés de toutes parts de nations également policées; des peuples à qui le commerce peut fournir toutes les jouissances que la nature du sol leur a refusées; qui savent échanger tous les avantages respectifs, faire disparoître et l'éloignement des lieux et la différence des climats; des peuples pour qui les mers,

loin d'être des barrières qui les séparent,
deviennent de nouveaux liens et de nouvelles sources de richesses et de bonheur :
quel intérêt peuvent-ils avoir de faire la
guerre, ou plutôt quel intérêt n'ont-ils point
de ne la pas faire ? la perte est sûre , même
en cas de succès ; ce succès est toujours incertain et toujours infructueux ; en un mot
tout à perdre , rien à gagner ; c'est à quoi
se réduisent presque toutes nos guerres. Il
ne peut être question de conquêtes sûres ni
durables entre des États policés ; l'œil vigi-
lant de la politique est toujours ouvert sur
les démarches de chaque Etat et sur les
changemens qui peuvent en résulter ; les
projets d'un seul deviennent l'affaire de tous ;
les petits Etats qui pourroient être aisément
engloutis par les grands , sont sous leur pro-
tection et se maintiennent par l'équilibre, par
l'intérêt qu'ont tous les grands Etats d'empêcher l'agrandissement de chacun d'eux,
et de prévenir tout accroissement de puissance capable d'alarmer la liberté générale,
et de rompre l'équilibre. Si les intrigues
du cabinet et les négociations particulières
parviennent à déranger pour un temps cet
influence , à endormir , à égarer sur ce point

la politique extérieure, c'est un moment
de distraction ou d'erreur qui ne peut durer;
la politique reprend bientôt son cours, et
la balance finit toujours par se tourner contre
toute puissance qui veut s'agrandir.

Un peuple barbare, qui a les armes à la
main, croit pouvoir soumettre tout l'univers, et ne voit ni terme ni obstacle à ses
conquêtes. Ce sentiment naît de l'ignorance.
Chez les corps, chez les nations en général,
il vient de ce que chaque homme en particulier ne sait pas bien précisément ce
qu'il hasarde, ni quelle sera sa contribution
à la mise commune; il ne le voit pas du
moins aussi distinctement que dans les entreprises qui lui sont personnelles, et qui
roulent sur lui seul dans toutes leurs conséquences. Ce même sentiment, chez les
peuples barbares, tient à l'ignorance de
l'état des forces respectives, et de la proportion des moyens aux entreprises. Chez
les peuples policés, l'état des forces respectives est connu, tout est comparé, tout est
calculé : on sait à-peu-près ce qu'on peut et
ce que peuvent les autres; ou, s'il est dans
la comparaison des forces respectives quelques détails qui se refusent au calcul, l'opi-

nion à cet égard tient lieu de certitude; et on sait du moins, qu'en dernière analyse, la puissance qui, par un agrandissement sensible, changeroit l'état actuel des forces connues et romproit l'équilibre, verroit s'élever contre elle, par l'action continuelle et toujours variée de la politique, de nouvelles combinaisons de forces auxquelles elle seroit obligée de céder.

Et de-là résultent de nouvelles raisons d'éviter la guerre, puisqu'elle est aisée à réduire en calcul, et qu'elle s'y réduit même presque nécessairement; car, comme la politique vient toujours au secours du plus foible, et lui fournit l'argent et les autres moyens de guerre qui lui manquent, l'équilibre se rétablit, la guerre se prolonge, les deux nations ennemies sont également ruinées, aussi bien que celles qui sont venues se mêler de la querelle. Tout cela n'est-il pas fort sensé?

Quoique cette théorie de l'équilibre, ainsi que les faits l'ont constamment prouvé depuis plus d'un siècle, ne puisse point se réduire en pratique dans les temps de guerre avec une grande précision, c'est une idée brillante qui a séduit toutes les imagina-

tions, son succès est infaillible ; car rédui-
sant toute la science de la politique à ne
savoir qu'un mot, elle flatte également
l'ignorance et la paresse des ministres, des
ambassadeurs et de leurs commis. Quoi
qu'il en soit, cette opinion regnante sert,
parce qu'elle est regnante, à faire, pendant
la paix, un contre-poids aux forces de la
puissance dominante : elle indispose les esprits contre son alliance, et les tourne fa-
vorablement du côté de sa rivale.

Mais ce système de la balance, suffisant
pour empêcher les conquêtes, ne l'est pas
pour maintenir la paix. Comme chaque Etat
reste le maître d'interpréter l'intérêt général
suivant l'intérêt propre du moment et ses
vues particulières, il arrive qu'au lieu de
se réunir contre l'Etat qui veut troubler la
paix, et de lui en ôter les moyens par cette
réunion, ce qui devroit être le but de la
politique, on se partage, on cherche, de
l'un et de l'autre côté, à lier sa partie de la
manière la plus avantageuse, on parvient à
l égalité des forces par les efforts même qu'on
fait pour se procurer la supériorité : ainsi le
système de la balance n'est qu'un système
de contention et de guerre, qui rend à la

vérité les guerres inutiles , mais qui les fait
renaître sans cesse. C'est beaucoup , cependant qu'il rende les guerres inutiles et les
conquêtes durables impossibles ; car , par
cela seul , l'absurdité de la guerre est démontrée. Il ne s'agit plus que d'ouvrir les
yeux et de faire usage de sa raison.

Celui de tous ses ouvrages que l'abbé de
Saint-Pierre affectionnoit le plus étoit son
Projet de paix perpétuelle entre tous les
monarques , et d'une espèce de sénat de
l'Europe , destiné à conserver cette paix ,
sénat qu'il appeloit Diète Européenne. Il
envoya ce projet de paix et de diète au cardinal de Fleury , avec cinq articles préliminaires , et le cardinal lui répondit : *Vous
avez oublié un article essentiel , c'est d'envoyer une troupe de missionnaires pour disposer à cette paix et à cette diète le cœur
des princes contractans.* Un marchand hollandais répondit peut-être encore mieux à
l'abbé de Saint-Pierre , en prenant pour enseigne un cimetière , avec ces mots : *A la
paix perpétuelle.* Cependant , un écrivain
connu par son éloquence essaya , il y a quelques années , de faire revivre ce projet , en
l'ornant de tout l'éclat de son style ; mais

l'ouvrage n'a guères produit plus d'effet sous cette éblouissante parure, qu'il n'en avoit eu sous la livrée modeste du premier auteur. *Rien n'est beau que le vrai ;* et le malheur de ces projets métaphysiques pour le bien des peuples, c'est de supposer tous les princes équitables et modérés, c'est-à-dire, de supposer à des hommes tout puissans, pleins du sentiment de leurs forces, souvent peu éclairés, et toujours assiégés par l'adulation et par le mensonge, des dispositions que la contrainte des lois et la crainte de la censure inspirent même si rarement aux simples particuliers. Quiconque, en formant des entreprises pour le bonheur de l'humanité, ne fait pas entrer dans ses calculs les passions et les vices des hommes, n'a imaginé qu'une très-louable chimère. C'est pour cela qu'un ministre de beaucoup d'esprit appeloit les projets de l'abbé de Saint-Pierre les rêves d'un homme de bien. Plût à Dieu néanmoins que ceux qui gouvernent rêvassent quelquefois de la sorte !

Mais, sans parler du sang inapréciable des hommes, qui calculeroit ce qu'ont coûté ces guerres, pour ne rien décider, verroit, avec effroi, les plus vastes Etats abîmés dans cette petite province, dont rien n'assure encore la propriété à son possesseur.

Voilà donc, en un mot, nos guerres d'Europe; si un Etat en détruisoit un autre, il seroit lui-même détruit par tous les autres : on ne détruit donc guères, on se contente de faire bien du mal, sans aucun profit réel, ou du moins solide, et l'on fait la paix qu'il eût été plus simple de ne pas rompre. Les grandes puissances sont bien respectables, et les grands intérêts bien imposans; mais toutes les querelles se ressemblent : on sait quelle est la fin du tragique ou ridicule de celles du peuple. Changez ces noms, tout est égal; et entre deux champions grossiers, qui finissent par boire ensemble, au lieu de commencer par-là, et deux héros polis qui se donnent des fêtes, après avoir tenté de s'égorger, la philosophie ne voit qu'une différence, c'est que les querelles de ces derniers ont été plus funestes.

Après une longue suite de siècles, on a découvert un nouveau monde; on ne sait pas trop bien encore si cette découverte est un bonheur ou un malheur : mais on en a fait une nouvelle source de guerres, et le partage de ce nouveau monde trouble plus que jamais

l'ancien. La fureur des grands Empires,
plutôt réprimée qu'étouffée en Europe, ne
demande qu'à renaître en Amérique. La
monarchie universelle cherche à se reproduire sous les noms d'empire de la mer, de
commerce exclusif. Grâce à ce nouvel ordre
de choses, on combat à-la-fois dans toutes
les parties du monde et sur toutes les portions de l'élément qui les sépare. Voilà comment la guerre remplit l'objet politique,
voilà comment elle rend les possessions
sûres et paisibles.

Mais tandis qu'on s'égorge par toute la
terre, parce que, dit-on, cela a toujours
été et que cela sera toujours ; tandis que des
politiques superficiels trouvent des raisons
pour approuver cet état de guerre ; tandis
que les hommes ont grand soin de mettre
au premier rang parmi eux, les conquérans,
les destructeurs, il existe dans un coin de
cette même Amérique, un petit Etat, unique
asile qui soit resté à la paix et à l'humanité.
Là, tous les hommes sont frères, et tous les
étrangers sont citoyens. La capitale de cet
Etat s'appelle *Philadelphie, ou amitié fra-
ternelle*, et sa législation n'a point d'autre
esprit. « M. Pen, dit Montesquieu, est

un véritable Lycurgue, qui a eu la paix pour objet comme l'autre la guerre. » Cet État, ce sont des Anglais qui l'ont fondé. De tous les avantages que les Français et les Anglais se sont disputés, c'est peut-être le seul que la France doive envier à sa rivale. Si la population est une marque et un principe de prospérité, il faut que l'état de paix vaille bien l'état de guerre, puisque dans un pays couvert de forêts, infecté de serpens et de bêtes féroces, et où toute culture étoit inconnue, cinq cents hommes se sont multipliés en très-peu de temps, jusqu'à trois cens mille. La liberté, la sûreté, un travail dont le fruit, est pour le travailleur, ont produit ce miracle. Mais admirons à-la-fois la grandeur et la foiblesse de l'esprit humain. Les fondateurs de cette république furent les hommes les plus respectables du monde, et ceux dont les manières étoient les plus bizarres. La raison est-elle donc si étrangère aux hommes, qu'elle ait toujours besoin de s'appuyer chez eux sur un fondement de folie. Heureux encore ceux qui payent leur tribut à l'humanité en folies douces, en ridicules sans conséquence, et qui achètent à ce prix l'hon-

neur d'être vertueux. L'excès est partout:
respectons ceux qui le placent dans la vertu. Les hommes, dans leur état de guerre,
avoient épuisé tous les excès de la barbarie;
les pensylvains poussèrent jusqu'à l'excès
l'amour de la patrie ; ils s'interdissoient
même la guerre défensive; ils refusoient de
construire des forteresses et de donner des
barrières à leur pays. La méchanceté des
hommes les y força.

Rentrons dans la nature. Si les agresseurs
sont des bêtes farouches, les défenseurs de
la patrie sont des hommes chers à l'humanité : qu'ils prodiguent leur sang pour une
si belle cause, mais que l'Etat en soit avare.
Plus ce sang est précieux, plus l'auteur d'une
guerre injuste est coupable ; et toute guerre
qui n'est pas absolument inévitable, toute
guerre qui n'est pas purement de défense,
est injuste. Nous avons vu d'ailleurs que ce
moyen avoit l'inconvénient ridicule de manquer toujours son objet.

J'insiste sur ce dernier article ; car si je
me contentois d'alléguer l'intérêt général
de l'humanité, l'intérêt personnel répondroit : *Que m'importe, pourvu que je me
satisfasse.* C'est donc à l'intérêt personnel

qu'il faut dire et redire, prouver et démontrer par l'expérience de tous les siècles, par
la nature des choses, par la marche inva-
riable du cœur humain, que l'ambition et
l'injustice même ne peuvent trouver leur
compte dans la guerre, que le mal ne produit que du mal, que les succès des armes
sont détruits par les armes, que tout vaincu
ne fait que céder au temps, et attendre la
vengeance ou la préparer; que la crainte
passe avec les causes qui l'ont fait naître,
et laisse tôt ou tard éclater le ressentiment;
que l'empire de la force est toujours incertain, toujours agité; qu'il seroit temps
enfin de vivre sous l'empire de la sagesse.

A ces raisons éternelles et générales, se
joignent encore des raisons particulières,
tirées de circonstances nouvelles et de changemens apportés par le temps dans l'art militaire. On ne peut se dissimuler que la découverte de la poudre et les progrès de l'artillerie n'aient entièrement changé l'idée de la
valeur. La valeur étoit autrefois la juste confiance qu'inspiroient à un guerrier la force
et l'adresse, qualités toujours très-exercées
chez les héros de l'antiquité. Aujourd'hui,
c'est l'intrépidité inébranlable avec laquelle

ce guerrier attend dans son poste une mort souvent démontrée inévitable. La valeur en un mot étoit de l'audace, aujourd'hui c'est de la fermeté. Or, les procédés des arts étant ainsi substitués aux qualités personnelles, et les balles, dont le sifflement formoit une musique si agréable aux oreilles de Charles XII, pouvant enlever un héros en partant de la main d'un poltron, il est évident que la guerre est devenue beaucoup plus absurde pour nous, qu'elle ne l'étoit dans son origine barbare et sauvage, où la supériorité étoit du moins décidée par les qualités personnelles.

Les anciennes émigrations des peuples barbares étoient aussi, non pas plus justes, mais plus excusables que nos guerres modernes, et elles avoient du moins l'avantage de remplir une partie de leur objet. Des peuples féroces quittoient une terre mal cultivée qui ne pouvoit les nourrir, et alloient dans des contrées plus heureuses écraser ou asservir des peuples amollis, dont ils apprenoient à jouir et à s'amollir à leur tour. Mais aujourd'hui lorsqu'un peuple entreprend de soumettre à son empire une province étrangère, éloignée, qui ne veut point de lui pour maître, et dont

la conquête ajouteroit aux embarras de l'administration, ne seroit-il pas plus avantageux
pour lui-même de commencer par tirer de
son propre territoire tout le parti possible,
d'examiner si la culture des terres, si la pratique des arts utiles n'ont plus chez lui aucun
progrès à faire; si, par-tout, les montagnes
sont couvertes de bois, les côteaux de vignes,
les plaines d'épis, les prairies de troupeaux;
si le commerce intérieur a toute la liberté,
toute la facilité, toute la rapidité dont il a
besoin; si toutes ses rivières unies par des ca-
naux, si toutes ses provinces traversées par
des routes commodes, font rouler d'un bout de
son Empire à l'autre les productions diverses,
le superflu respectif et l'abondance universelle; si les mers libres amènent dans ses ports
des richesses étrangères payées par des échanges; si des cités florissantes, de nombreux vil-
lages, d'heureux hameaux sont remplis d'habitans industrieux, appliqués, contents et
supportant gaiement les charges de l'État;
si ces charges sont mesurées sur les vrais besoins; si la justice est sans prévarications, et
l'administration sans rapine; si la population
reçoit tous les encouragemens et tous les accroissemens dont elle est susceptible? Quand

cette population sera devenue excessive , quand cette terre ne pourra plus contenir ses habitans , il sera temps d'avoir recours aux émigrations , et d'examiner si même alors il ne reste d'autre ressource que la voie violente et dangereuse des conquêtes.

La paix est si nécessaire aux hommes , et ils l'ont si bien senti , que, même dans l'état de guerre où il leur a plu de vivre jusqu'à présent, ils ont imaginé un droit des gens , trop imparfait sans doute, mais dont l'esprit général est de faire dans la guerre le moins de mal possible. Comment s'est - on arrêté dans cette route ? comment n'a-t-on pas compris que le droit des gens ne peut absolument admettre l'état de guerre ?

Une erreur en entraîne une autre. Par une suite de cet état de guerre , nous cherchons à nuire même dans la paix.

Quand l'Europe paraît dans le calme le plus profond, le cabinet des politiques est encore agité sourdement par les haines et les autres passions nationales , qui craignent quelquefois de se montrer , mais qui ne cessent jamais d'agir. On tâte les dispositions de ses alliés , on veut leur communiquer ses espérances et ses craintes ; on travaille à di-

viser ses ennemis, on fait naître des soup=
çons. Si quelques puissances négligent leurs
intérêts par ignorance, ou si une paresse
léthargique engourdit leurs forces, la fer-
mentation des esprits augmente, et on ne
forme des projets que pour les accabler.

La politique qui remplit les intervalles de
la guerre, et qui en prépare, accélère ou
retarde les opérations, selon les intérêts
présens et le besoin du moment, est devenue
malfaisante par système. Les négociations
sont une guerre de cabinet, les alliances ne
sont souvent que des pièges, les traités que
des parjures, les ambassadeurs que des espions qui avertissent du moment de nuire.
Un politique se croit bien habile, lorsqu'il
a fondé pour deux jours ce qu'il appelle la
sûreté de l'Etat qu'il gouverne sur les troubles qu'il a semés dans les Etats voisins,
lorsqu'il a payé chèrement des traîtres qui
peut-être le trahissent lui-même, tandis que
l'intérêt de tous les Etats seroit de se livrer
réciproquement tous les traîtres comme tous
les criminels. Tromper, mentir, est sur-
tout une chose qui a paru sublime à bien des
politiques, comme si toutes ces petites scélératesses imbécilles ne pouvoient pas se

rendre et ne se rendoient pas tous les jours au centuple.

Machiavel a vu que des souverains de son temps excelloient à tromper, et il a dit : *Il faut tromper;* et sur cela, au lieu de mépriser le système de Machiavel, et la conduite de ces princes, nous nous sommes mis à révérer les vues profondes et les perfidies savantes des Louis XI, des Ferdinand, des Charles-Quint, comme nous avons admiré les conquérans et les rois guerriers. L'esprit humain rend un hommage involontaire à tout ce qui l'étonne, et cet étonnement même est un hommage. Toute supériorité nous éblouit; l'insolence du crime entraîne quelquefois par un faux air de grandeur, et l'artifice peut séduire par un air d'esprit. Mais quel esprit ou quelle grandeur y a-t il à tout promettre pour ne rien tenir? politique ordinaire de tous les cabinets, et supposons même dans la méchanceté tout l'esprit et toute la grandeur possibles; comme on n'est méchant que par intérêt, il sera toujours absurde de l'être, puisqu'il est démontré qu'on ne peut l'être long-temps impunément.

De-là, cette maxime des politiques : *Qui*

ne sait pas dissimuler ne sait pas gouverner.
On sait aujourd'hui qu'il y a peu de secrets.
Que les tyrans doivent cacher leurs crimes ,
ce qui prouve toujours l'intérêt de n'en point
commettre ; mais que quand on gouverne
bien , on dit aux nations : *Voyez et jugez.*
La vraie politique se réduit à la justice et
à la bienfaisance. *Qui ne sait pas étre juste
et bon ne sait pas gouverner.* Voilà la grande
maxime qu'il s'agit de bien entendre et de
bien pratiquer. Rendez les peuples heureux
et donnez votre secret à tous les chefs des
nations. Que ce spectacle leur serve de sup-
plice , s'ils ne savent que l'envier ; qu'il
leur serve d'exemple , s'ils sont dignes de
l'imiter. Ce sera un grand bonheur pour un
Etat , quand il y aura beaucoup de philosophes qui imprimeront ces maximes dans la
tête des hommes , parce que le nombre des
hommes raisonnables étant augmenté , le
nombre des esprits de travers qui se nour-
rissoient d'opinions absurdes , diminuera.

Le préjugé invente beaucoup de systémes ,
car il veut avoir raison ; et pour se justifier ,
il accumule les erreurs. Toutes les fureurs de
la guerre tournées en habitude , érigées même
en lois , la politique devenue l'art de trom-

8.

per et de nuire , ont fait penser que les idées
du juste [et de l'injuste , du vice et de la
vertu , étoient relatives aux particuliers et
non aux sociétés ; que ce qui étoit un devoir
dans l'ordre naturel et moral, cessoit de
l'être dans l'ordre politique ; que si d'homme
à homme on se devoit des égards et des secours mutuels , de nation à nation on se devoit des outrages et des procédés ennemis ;
qu'il étoit beau de profiter des malheurs de
ses voisins pour les dépouiller , et de leur
foiblesse pour les accabler ; qu'on devoit ,
par des intrigues , troubler la paix chez eux
pour l'affermir chez soi. Ne prenons toujours
ici pour arbitre que l'intérêt , et nous verrons combien ces distinctions sont frivoles.
Pourquoi les hommes se doivent-ils des secours mutuels , sinon parce qu'ils ont tous
besoin les uns des autres , parce qu'il est de
leur intérêt de s'entr'aider. Le même besoin ,
le même intérêt existe d'Etat à Etat. L'intérêt éternel de chaque Etat est de vivre en
paix , et c'est un avantage dont on ne peut
jouir sans la bienveillance de ses voisins.
Quel est, d'ailleurs, l'Etat qui n'ait absolument besoin de rien , et dont les Etats voisins ne puissent au moins étendre les jouis-

sances et augmenter le bonheur par la communication de leurs richesses et de leurs lumières ? D'où vient donc que chaque homme se porte naturellement à obliger son semblable, et que les nations se portent si facilement à désobliger et à nuire ? C'est qu'indépendamment des préjugés reçus, tout individu, tout être isolé, a un sentiment de sa foiblesse qui l'éclaire et qui le porte à la bienfaisance, au lieu que les êtres rassemblés ont un faux sentiment de force qui les trompe et les enhardit au mal. Ce faux sentiment de force, joint aux illusions de l'intérêt du moment, est ce qui entretient parmi nous l'état de guerre. Si l'on vouloit comprendre qu'en Europe, la liaison des intérêts et les combinaisons politiques donnent à tous les Etats une force à-peu-près égale ; et si l'on vouloit s'élever jusqu'aux grands et vrais intérêts de tous les temps et de tous les lieux, on verroit qu'on n'en a point d'autre que de vivre en paix.

Entre ces peuples, dont la foiblesse éternise les querelles, il se peut cependant qu'un jour il y ait des guerres plus décisives et qui ébranlent les Empires ; la corruption répandue sur la surface de l'Europe ne fait

pas par-tout des progrès égaux. Les diffé-
rences qui existent entre les gouvernemens,
font que, chez les uns, elle se développe
plus lentement, et chez les autres avec plus
de rapidité. Le mal devient ensuite plus
ou moins dangereux, en raison des qualités
des hommes qui gouvernent; ici, de bonnes
institutions, des chefs éclairés, des ministres
vigoureux servent de digue contre la corruption, remontent les ressorts du gouvernement, et font rétrograder l'Etat vers le
haut de la roue. Là, gouvernement, chefs,
ministres, tout est foible et corrompu, par
conséquent tout se relâche, se détend ; et
l'Etat entraîné avec une vitesse que sa masse
multiplie, descend rapidement vers sa ruine.
Supposons ces deux Etats voisins l'un de
l'autre ; que le premier ait à sa tête plusieurs grands hommes de suite, que le second ait successivement deux ou trois chefs
foibles et incapables, ce dernier Etat, chan-
celant, avili, démembré par son voisin,
n'attendra plus qu'un orage qui détermine
sa chûte : enfin par une conséquence de la
supposition établie ci-dessus, dans la décadence générale, où le luxe et les erreurs
politiques mettent toutes les nations, celles

qui parcourront le moins rapidement la ligne
de leur déclinaison , celles qui s'arrêteront , ou
retrograderont le plus souvent dans cette funeste marche, auront sur les autres l'ascendant
de vigueur que la jeunesse a sur la maturité ,
la maturité sur la viellesse. On verroit alors
ce peuple vigoureux , de génie , de moyens
de gouvernement joignant à des vertus aus-
tères et à une milice nationale , un plan
fixe d'agrandissement , sachant faire la guerre
à peu de frais et subsister par ses victoires ,
sans être réduit à poser les armes par des
calculs de finances. On verroit dis-je , ce
peuple subjuguer ses voisins et renverser
nos foibles constitutions , comme l'aquilon
plie de frèles roseaux.

Ce peuple ne s'élevera pas, parce qu'il ne
reste en Europe aucune nation à - la - fois
puissante et neuve ; elles s'assimilent et se
corrompent toutes , de proche en proche
elles ont toutes des mœurs destructives de
tout sentiment de patriotisme et de vertu.
Lorsque la corruption a fait de tels progrès,
lorsqu'elle a attaqué les principes des admi-
nistrations , les administrateurs , les palais
des chefs, il est presque impossible d'es-
pérer une régénération. Les lieux d'où elle

pourroit venir sont le foyer du mal. Car d'une part, les peuples souffrent et se plaignent, de l'autre ils ont perdu toute espèce de ressort; chacun vit pour soi, cherchant à se mettre à couvert des maux publics et à en profiter, ou à s'étourdir sur eux. Au milieu de cette foiblesse générale, les gouvernemens foibles eux-mêmes, mais, par-là féconds en petits moyens, étendent leur autorité et l'appesantissent. Ils semblent être en guerre secrette avec leurs citoyens; ils en corrompent une partie pour dominer l'autre. Ils craignent que les lumières ne s'étendent, parce qu'ils savent qu'elles éclairent les peuples sur leurs droits, et sur les fautes de ceux qui les gouvernent. Ils fomentent le luxe, parce qu'ils savent que le luxe énerve les courages. Comme ils ont dans leurs mains presque tout l'or des États, ils font de l'or, le grand ressort de l'administration, ils en font le moyen de la considération et de l'avancement des particuliers; la solde du vice qu'il augmente; la récompense de la vertu qu'il avilit; l'objet de la cupidité de tous les citoyens. Ils repompent ensuite, par des opérations fiscales, cet or que la prodigalité à répandu; circu-

lation funeste, et dont l'effet est de ruiner une partie des nations pour enchaîner
l'autre.

Dans cette situation, quel devroit être
le but de la politique des peuples? celui de
se fortifier au-dedans, plutôt que de chercher à s'étendre au-dehors, de se resserrer
même, s'ils ont des possessions trop étendues, et de faire, pour ainsi dire, en
échange, des conquêtes sur eux-mêmes, en
portant toutes les parties de leur administration au plus haut point de perfection;
celui d'augmenter la puissance publique
par les vertus des particuliers; de travailler
sur les lois, sur les mœurs, sur les opinions;
celui, en un mot, de changer ou de ralentir
le cours funeste qui les entraîne vers leur
ruine.

S'il est une nation, sur-tout, à laquelle
convienne cette sage politique, et qui doive
se hâter de l'embrasser, c'est la mienne,
qui, heureusement assise au milieu de l'Europe, sous la plus belle température, sur le
sol le plus généralement fertile, entourée,
presque par-tout, de limites que la nature
semble avoir posées, peut être assez puissante pour ne rien craindre, et ne rien dé-

sirer. C'est la mienne, parce que c'est elle
qui fait le plus d'efforts maintenant pour
retrouver la trace perdue de la félicité publique; parce que c'est elle qui, par ses
avantages naturels, par le nombre, la valeur, l'industrie de ses habitans, doit tenir
en Europe la première place.

Qu'elle conçoive bien toute la grandeur
de sa destination; que, par sa sagesse et
par ses vertus, elle soit l'exemple de tous
les peuples; que sa puissance, solidement
appuyée sur les richesses de son territoire
et sur l'étendue de son commerce, n'ait
d'autre ennemi à redouter que la négligence
et le relâchement; qu'elle entretienne, par
d'excellentes institutions, la discipline et
l'intrépidité de ses armées; qu'avec des vues
pleines d'équité et des forces toutes prêtes,
elle veille continuellement sur tous les Etats
de l'Europe; qu'elle y démêle l'ambition,
l'injustice, la mauvaise foi; et que, toujours
prompte à la réprimer, elle soit généreuse-
ment prodigue de son sang et de ses trésors:
qu'elle n'abuse jamais de ses victoires, et
que sa modération prouve sans cesse à ses
envieux qu'elle ne cherche point à s'agrandir : en un mot, que la liberté de l'Europe

soit toujours le but de ses travaux. Les peuples
frappés de ce grand caractère, concevront
bientôt pour elle un profond respect ; son
autorité, fondée sur la confiance, prendra
tous les jours de plus fortes racines ; arbitre
de l'Europe, sans vouloir en être la maî-
tresse, elle s'établira un empire plus durable
que ceux que les conquêtes ont fondés. La
reconnoissance et l'amour de tous les peuples
en seront les fermes soutiens.

Je ne sais si je me trompe : il me paroît
que ma patrie doit s'arrêter à ce projet sublime. Pour s'élever au-dessus de ses rivaux,
sa politique généreuse ne doit point penser
à les diviser, à les perdre l'un par l'autre ;
son équité modératrice terminera leurs dif-
férends. Un dessein, non moins important,
l'empêche de poser les armes ; la liberté des
mers opprimée appelle à grands cris sa pro-
tection. Achève, ô ma patrie ! achève cet
immortel ouvrage ; ne laisse pas dominer ces
farouches tyrans, qui s'irritent de tous les
avantages qui ne leur appartiennent pas ;
rétablis la liberté des mers, comme tu ré-
tabliras celle de l'Europe, en abaissant la
superbe Autriche et ce fier dominateur du
Nord ; triomphe de tes ennemis, pour les

forcer à être justes ; que la récompense de tes victoires soit l'amour et le respect de toutes les nations qui en partageront avec toi les fruits, et que la gloire et la sagesse de tes chefs effacent les noms les plus célèbres de l'histoire.

CHAPITRE CINQUIÈME.

Coup-d'œil sur les rapports du systéme de l'équilibre adopté par les Puissances de l'Europe, avec la guerre et les conquétes.

LES nations anciennes, formées en différens temps sur la face du globe, n'avoient entr'elles aucune liaison. L'hospitalité, qui existoit quelquefois entre les peuples, comme elle s'exerçoit entre les particuliers, ne leur donnoit point de rapports suivis. Les peuplades, renfermées dans une province peu étendue, n'avoient souvent entr'elles aucune communication. L'enfance des peuples est toujours sauvage : ce sont les arts et le commerce qui, dans un âge plus avancé, parviennent enfin à les lier. Les grands peuples se connoissoient à peine de nom; ils formoient chacun un monde isolé qui ne donnoit rien, ne demandoit rien aux autres, qui croyoit ne leur rien devoir; et par une suite nécessaire de ce défaut de liaisons, une idée confuse du droit des gens toujours méconnu par l'intérêt, et violé par la force, étoit l'unique code des nations, l'unique asile de l'humanité.

Cette existence isolée , faite pour outrer tous les caractères , marquoit ceux des anciens avec des traits extrêmement prononcés. L'austérité, la mollesse , le courage, la lâcheté , la probité , la fourberie, vices et vertus , originairement reçus du climat et de diverses circonstances , étoient poussés à un point qui étonne aujourd'hui notre imagination. Le jeu de ces ressorts, porté au dernier degré d'intensité, ne pouvoit que remplir le théâtre du monde des scènes les plus étonnantes.

Rome, à sa naissance, se trouva plus affranchie qu'aucune autre ville de tous ces nœuds qui forment entre les nations les liaisons suivies. Un ramas de fugitifs et de brigands échappés des nations voisines, devoit se regarder comme l'ennemi de tous ces peuples , dont le mépris et la vengeance sembloient devoir les poursuivre. Les Romains comprirent de bonne-heure que la patience et le courage étoient les seules ressources sur lesquelles ils devoient compter : regardés à peine comme des hommes par des voisins qui leur refusoient même des femmes, ils les regardoient à leur tour comme des animaux féroces qu'il falloit détruire ou subjuguer. La haine naturelle que les nations s'imposoient mutuellement ne pouvoit que s'animer davantage chez les Romains par ces circonstances particulières. Les lois la fortifièrent encore ; l'habileté du législateur sut même y intéresser la religion ; des oracles dociles à ses vues promirent aux Romains l'empire du monde.

Rome, dès-lors, ne dissimula ses vues qu'autant que la prudence rendoit ce soin nécessaire au succès de ses desseins. Toutes ses institutions tendirent à former des conquérans. Des exercices propres à développer, à fortifier le corps, formoient des hommes robustes et capables de supporter toutes les fatigues ; il s'établit dans les armées une discipline qui ne connoissoit point de relâchement, qui ne composoit jamais avec les coupables, qui donnoit au général, dans les camps, une autorité aussi absolue sur la vie des soldats, que celle du magistrat sur les jours des citoyens étoit limitée dans la ville. La nécessité et l'opinion en firent des hommes d'une force et d'une énergie extraordinaires. Ils sentoient que cette discipline pouvoit seule former des armées invincibles, et réaliser le projet né avec le premier des Romains d'étendre sur tout l'univers la domination de la république.

Nous ne vivons point isolés à la manière des anciens, sans relations, sans liaisons, sans dépendances les uns des autres ; chaque instant nous fait sentir les liens étroits qui nous serrent ; chaque désir à remplir, chaque passion à satisfaire, sont une véritable chaîne que nous ajoutons aux anciennes, et notre cupidité même ne peut plus se nourrir qu'en nourrissant à son tour la cupidité d'autrui. Est-ce la raison qui nous a unis pour nous empêcher de nous nuire, ou sont-ce le hasard et d'heureuses circonstances qui nous ont procuré ce grand avantage ?

Les différentes nations qui fondèrent des monarchies en Europe, ne s'aimoient et ne s'aiment encore guères plus que les anciens peuples ne s'aimoient : elles avoient autant de férocité, et leur ambition auroit dû remplir le monde des mêmes scènes de destruction que l'histoire ancienne nous présente. Heureusement pour toutes ces nations, avec une origine presque commune, elles ont eu les mêmes mœurs, le même degré de lumière, ou plutôt d'ignorance ; la même manière de combattre, la même forme de gouvernement :

elles se sont établies, fortifiées, éclairées en même-temps ; et nulle n'a trouvé dans son génie des moyens de s'élever assez sûrs, assez rapides pour devancer beaucoup les autres, et pour menacer sérieusement leur liberté.

Dans le moyen âge où tout, jusqu'à la justice, se décidoit par la force, où le gouvernement gothique divisoit par les intérêts tous les petits Etats qu'il multiplioit par sa constitution, chaque souverain voyoit avec indifférence les révolutions qui se passoient au-dehors. La plupart étoient trop occupés à cimenter leur autorité dans leurs propres Etats, à disputer les différentes branches du pouvoir aux différens corps qui en étoient en possession, ou qui luttoient contre la pente naturelle de la monarchie au despotisme. Ils n'étoient pas assez maîtres de leur propre héritage pour s'occuper des affaires de leurs voisins.

Cette inaction extraordinaire des princes dans les occasions les plus intéressantes ne peut pas être imputée à un défaut de lumières et de discernement pour prévoir les conséquences politiques des évènemens. La faculté de juger avec sagacité et d'agir avec vigueur appartient aux hommes de tous les siècles. Les souverains qui gouvernoient les différens royaumes de l'Europe pendant le temps dont nous parlons, n'étoient ni assez aveugles, ni assez stupides pour méconnoître leur intérêt particulier, pour négliger la sûreté publique, ou pour ignorer les moyens de maintenir l'un et l'autre. S'ils n'adoptèrent pas ce système salutaire, qui apprend aux politiques modernes à prévenir un danger éloigné, et à s'opposer aux premières usurpations de toute puissance redoutable, et qui rend chaque Etat en quelque sorte le gardien des droits et de l'indépendance de tous ses voisins, il ne faut en attribuer la cause qu'aux imperfections et aux abus qui subsistoient dans le gouvernement civil de chaque Etat. Ces abus ne laissoient pas aux princes les moyens de conformer leurs demandes aux vues et aux principes que la situation des affaires et leurs propres observations leur avoient suggéré.

La réunion de ces circonstances ne permettant pas aux Etats différens de mettre dans leurs opérations militaires de la vigueur et de la suite, empêcha long-temps les souverains de l'Europe de veiller avec attention sur les démarches et les desseins des princes

voisins, et de chercher à former un système
régulier de sûreté générale. Ils ne pouvoient
ni s'unir par des confédérations, ni agir de
concert pour établir une balance de pouvoirs
entre les Etats divers, et empêcher que les
uns ne prissent un degré de supériorité qui
pût alarmer la liberté et l'indépendance des
autres. Les affaires et les intérêts des différens pays se mêloient rarement, excepté
lorsque le voisinage du territoire rendoit les
occasions de querelles fréquentes et inévitables, ou lorsque les jalousies nationales
fomentoient et envenimoient l'esprit de discorde et de guerre. Il arrivoit dans chaque
royaume des évènemens importans et des
révolutions que les autres puissances regardoient avec l'indifférence de spectateurs dé-
sintéressés, qui ne craignent pas que les
suites de ces évènemens s'étendent jamais
jusqu'à eux. Il paroît que les nations d'Europe se sont regardées, pendant plusieurs
siècles, comme des sociétés séparées, à peine
liées ensemble par quelque intérêt commun,
et fort indifférentes sur les affaires et sur
les opérations les unes des autres. Les princes
n'avoient pas un commerce étendu et suivi
qui leur donnât occasion d'observer et de

pénétrer leurs vues et leurs projets réciproques ; ils n'avoient point d'ambassadeurs
qui , en résidant constamment dans chaque
cour , fussent à portée d'épi er tous ses mou-
vemens , et d'en donner sur-le-champ avis à
leur maître. L'espérance de quelques avantages prochains , ou la crainte de quelques
dangers éloignés ou possibles , n'étoient pas
des motifs suffisans pour faire prendre les
armes à une nation. Il n'y avoit que celles
qui se trouvoient exposées à un danger im-
minent , ou à des insultes inévitables , qui
se crussent intéressées à se mêler dans une
querelle , ou à prendre des mesures pour leur
propre sûreté.

Il est une époque avant laquelle chaque
pays , n'ayant que peu de liaisons avec ceux
qui l'environnoient , avoit à part sa propre
histoire , et après laquelle les évènemens de
chaque nation considérable de l'Europe deviennent instructifs et intéressans pour toutes
les autres. Ce fut à cette époque que les
puissances de l'Europe formèrent un vaste
système politique , où chacune prit un rang
qu'elle a conservé depuis avec beaucoup
plus de stabilité qu'on n'auroit pu l'attendre.
Si l'on considère les secousses violentes

qu'ont occasionnées tant de révolutions in-
térieures et tant de guerres étrangères, les
principes politiques qui s'établirent alors,
ont encore aujourd'hui tout leur ascendant;
et les idées sur l'équilibre du pouvoir qui se
formèrentou devinrent plus communs, n'ont
pas cessé d'influer sur les opérations politiques des cours de l'Europe.

Ce fut pendant la durée du quinzième
siècle que l'on commença à bien sentir les
principes qui servent de base à ce systême,
et les maximes d'après lesquelles il s'est
constamment maintenu, furent dès-lors
universellement adoptées. Ce systême devint
le grand objet de la politique, et sembla
avoir été un coup de lumière pour les princes
et les villes d'Italie, que l'invasion des Français avoit alarmés et déconcertés. Ces princes
étendirent ensuite aux affaires de l'Europe
les maximes de cette science politique, qu'ils
n'avoient jusqu'alors employées qu'à régler
les opérations des petits Etats dans leur
propre pays. Ils découvrirent l'art d'empêcher un souverain de s'élever à un degré de
puissance incompatible avec la liberté générale, et apprirent à leurs contemporains
l'importance de ce grand principe de la po-

litique moderne, qui consiste à conserver une juste distribution de pouvoir entre tous les membres qui composent les Etats de l'Europe. Ce système ne fut pas renfermé dans les bornes de l'Italie ; d'autres Etats, éclairés par l'intérêt de leur propre conservation, en reconnurent l'utilité, et la pratique en devint bientôt universelle : c'est depuis cette époque que nous pouvons observer et suivre les progrès de cette communication réciproque, qui a lié si étroitement les nations de l'Europe l'une à l'autre ; c'est dès-lors qu'on a senti l'importance et les avantages de cette politique prévoyante, qui, pendant la paix, prévient les dangers éloignés et possibles, et qui, pendant la guerre, empèche les conquêtes rapides et destructives.

L'ambition, les talens, les rivalités de Charles-Quint et de François Ier., donnèrent naissance à un plus grand développement de ce système. L'ambition de la France fixée sur l'Italie, n'avait inquiété que Maximilien et Ferdinand ; et le reste de l'Europe ne prenoit encore aucun intérêt au sort des Italiens, lorsque Charles-Quint fut élevé sur le trône de l'Empire. Ce prince avoit

hérité des Etats de la maison de Bourgogne ;
il étoit roi d'Espagne , possédoit de grandes
provinces en Allemagne , le royaume de
Naples en Italie ; et l'Amérique , en lui
prodiguant ses richesses , sembloit lui rendre
faciles les plus grandes entreprises. S'il
n'étoit pas capable de se faire un systême
général d'agrandissement , de mettre de
l'ordre dans ses projets , ou de ramener toutes
ses démarches à un objet unique , il avoit
du moins l'art de conduire chaque affaire en
particulier, avec une adresse jusqu'alors inconnue , ce qui lui a valu la réputation d'être
le grand homme de son siècle. En voyant
les divisions des princes , l'ignorance où ils
étoient de leurs intérêts , et les ruses qui
leur tenoient lieu de politique, il se crut destiné à les subjuguer ; il regarda tous ses voisins comme autant d'ennemis , et voulut profiter à-la-fois de tout ce que la fortune lui
offrit de favorable pour étendre ses domaines. Plus Charles-Quint montroit d'ambition , plus la crainte qu'il inspiroit se ré-
pandoit au loin. Les princes qui avoient vu
avec indifférence les entreprises de Louis XII
et le courage inconsidéré de François Ier.,
commencèrent à redouter le nouvel empe-

reur. A l'exception des royaumes du nord ,
encore trop occupés de leurs querelles particulières pour contracter des alliances solides
dans le midi , et qui continuèrent à faire un
monde à part , toutes les puissances de l'Europe semblèrent se partager entre deux maisons rivales pour affoiblir tour-à-tour la dominante.

La conduite de Charles - Quint instruisit
l'Europe ; sans être aussi honnête homme que
François Ier., il mit autant d'honnêteté dans
sa politique , parce qu'il étoit plus habile.
Il pensoit, comme Machiavel, qu'une perfidie peut être quelquefois utile, mais qu'une
mauvaise réputation est toujours dangereuse.
Les ligues formées contre ce prince furent
plus solides, parce qu'il suivoit lui - même
ses desseins , avec plus de constance qu'on
n'avoit encore fait. On commença à tracer
des plans plus suivis ; on s'arrêta moins au
moment présent, on porta ses vues dans
l'avenir; on entrevit ses vrais intérêts. L'Angleterre comprit qu'il ne falloit pas laisser
accabler la France, quoiqu'elle fût accou-
tumée à la regarder comme son ennemie , et
la France sentit combien il lui importoit de
défendre la liberté des princes de l'Empire.

On chercha à se faire de nouveaux alliés ;
on les ménagea avec soin. François Ier. né-
négocia à Constantinople et à Stockolm ,
Charles-Quint à Copenhague et à Varsovie.
En un mot , les relations entre les cours furent
d'autant plus fréquentes , que les princes
étant accablés sous le poids des grandes entreprises qu'ils méditoient , il falloit qu'ils
suppléassent à la force par l'adresse. Malgré tant d'intrigues , le fortune seconda les
efforts , la ruse et l'habileté de Charles-
Quint ; son caractère emporta l'équilibre ,
et l'Europe pencha de son côté , mais ne
plia pas sans retour.

Philippe II , son fils , qui avoit bien toutes
les intrigues et non les vertus militaires de
son père , hérita des projets et des vues de
son ambition , et trouva des temps favorables
à son agrandissement. La maison d'Autriche
avoit pris un tel ascendant sur les autres
puissances , que nul prince ne régnoit avec
sûreté, s'il n'étoit bien avec elle. Mais pendant le règne de Philippe III , l'Europe entière , entraînée par l'ascendant de Richelieu , concourut à l'abaissement de l'orgueil
autrichien , et la paix des Pyrennées fit passer
les honneurs de la prépondérance de l'Espagne à la France.

On avoit accusé Charles - Quint d'aspirer à la monarchie universelle ; on accusa Louis XIV de la même ambition. On prit, on sema des alarmes ; on ne sauroit les concevoir trop tôt quand il s'élève des puissances formidables à leurs voisins. C'est entre les nations, sur-tout c'est à l'égard des rois, que la crainte opère la sûreté. L'Europe sentit bien dès-lors les besoins d'un lien commun; mais on n'en trouva pas d'abord le moyen. Enfin les insultes de la France, multipliées avec ses victoires, la pente de ses intrigues à diviser tout pour dominer seule, son mépris pour la foi des traités, son ton de hauteur et d'autorité, achevèrent de changer l'envie en haine et de répandre l'inquiétude. Les princes même qui avoient vu, sans ombrage, ou favorisé l'accroissement de sa puissance, sentirent la nécessité de réparer cette erreur politique, et comprirent qu'il falloit combiner et réunir entr'eux une masse de forces supérieures à la sienne, pour l'empêcher de tyranniser les nations.

Telle étoit la situation des choses, lorsque la succession au trône d'Espagne mit l'Europe en feu. Le prince qui auroit pu la joindre à sa couronne seroit monté naturel-

lement à cette monarchie universelle dont
le fantôme épouvantoit tous les esprits ;
il falloit donc empêcher que ce trône n'é-
chût à une puissance déjà formidable et tenir
la balance égale entre les maisons d'Autriche
et de Bourbon qui seules pouvoient y aspirer par les droits du sang.

Les évènemens répondirent au vœu général, les armées et les conseils de la qua-
druple alliance prirent un égal ascendant
sur l'ennemi commun. Au lieu de ces campagnes languissantes et malheureuses qui
avoient éprouvé, non rebuté le prince d'O-
range, on vit toutes les opérations réussir
aux confédérés. La France à son tour, par-
tout humiliée et défaite touchoit à sa ruine,
lorsque la bataille de Dénain, la mort de
l'empereur et la paix d'Utrecht la relevèrent.
Depuis cette époque la France a toujours
conservé sa supériorité dans le continent ;
mais la fortune et la puissance fédérative de
quelques États en à souvent diminué les
influences.

S'il y a eu jamais un exemple frappant
d'un système présomptueux et chimérique
c'est celui de la monarchie universelle. En
supposant qu'il y ait jamais eu un prince

assez ambitieux et en même-temps assez peu politique pour former le projet gigantesque de réaliser une monarchie qui porte en cela même le principe de sa destruction, puisqu'elle ressembleroit à un vaisseau qui, à force d'être grand , ne pourroit être gouverné, ce prince montreroit en cela plus d'ambition que de génie ; car comment envisager un moment ce projet sans en voir aussitôt le rédicule ; comment ne pas sentir qu'il n'y a pas de potentat en Europe assez supérieur aux autres pour pouvoir jamais en devenir le maître ? tous les conquérans qui ont fait des révolutions se présentoient toujours avec des forces inattendues, ou avec des troupes étrangères et différemment aguerries à des peuples ou désarmés, ou divisés , ou sans discipline. Mais où prendroit un prince européen des forces inattendues pour accabler tous les autres, tandis que le plus puissant d'entre eux est une si petite partie du tout, et qu'ils ont de concert une si grande vigilance.

Si l'Europe n'a plus à craindre ces torrens dévastateurs qui la couvroient autrefois de sang et de ténèbres , si les vices, qui minent tous ses gouvernemens, semblent mettre une sorte d'équilibre entre eux, les nations de cette partie du monde, toutes foibles, toutes corrompues qu'elles sont, n'en jouissent pas de plus de tranquillité. Car telle est leur misérable politique, que des haines nationales, des intérêts illusoires de commerce ou d'ambition les divisent sans cesse ; que même par les traités qui les pacifient il reste toujours entre elles des germes de discussions, qui, après une trève périodique, les arment de nouveau l'une contre l'autre ; qui, si leurs fantômes politiques ne leur fournissent pas d'occasions de rupture, les fantaisies des ministres, les vaines étiquettes, les petites intrigues dans lesquelles consistent aujourd'hui les négociations, en font bientôt naître des prétextes. Tel est enfin le genre de guerre adopté par toutes ces nations, qu'il consume leurs forces et ne décide pas leurs querelles ; que, vainqueur ou vaincu, chacun à la paix rentre à-peu-près dans ses anciennes limites ; que delà les guerres, effrayant moins les gouvernemens, en deviennent plus fréquentes. Ce but des athlètes timides, couverts de plaies, et toujours armés, qui s'épuisent à s'observer et à se craindre, s'attaquent de temps en temps, pour s'en

imposer mutuellement sur leurs forces; reńsi
dent des combats foibles comme eux, les
suspendent quand leur sang coule, et con-
viennent d'une trève pour essuyer leurs bles-
sures. Les bassins de la balance politique ne
seront jamais dans un parfait équilibre, ni
assez justes pour déterminer les degrés de
puissance avec une exacte précision. La ba-
lance ne peut s'établir que par des traités,
et les traités n'ont aucune solidité tant qu'ils
ne sont faits qu'entre des souverains abso-
lus, et non entre des nations. Ces actes
doivent subsister entre des peuples, parce
qu'ils ont pour objet la paix et la sûreté,
qui sont leurs plus grands biens. Mais un
despote sacrifie toujours ses sujets à son in-
quiétude, et ses engagemens à son am-
bition.

Il faut le dire, ce fameux système de
l'équilibre a fait commettre bien des crimes
à la politique, qui, depuis deux ou trois
siècles, a eu des objets si variés et si im-
portans; son action, autrefois très-resserrée,
rarement passoit-elle les frontières de chaque
peuple; sa sphère s'est singulièrement agran-
die, à mesure que les nations les plus éloi-
gnées les unes des autres ont formé des liai-

sons entr'elles; elle a reçu sur-tout un accroissement immense, lorsque, par des dé-
couvertes heureuses ou malheureuses, toutes
les parties de l'univers ont été subordonnées
à celle que nous habitons. Les intérêts et les
droits de tous les penples se sont compliqués
de mille manières. Ils se touchent par tant
de points, que le moindre mouvement des
uns ne peut manquer d'ébranler les autres.
On ne peut remuer aujourd'hui un seul fil
de la politique sans les tirer tous. Le moindre
souverain a quelque intérêt caché dans les
traités entre les grandes puissances. Il faut
négocier des années entières dans tous les
cabinets pour un léger arrondissement de
terrein. Le sang du peuple est la seule chose
qu'on ne marchande pas. Leurs guerres produisent d'affreux ravages ; mais aucun Empire n'est détruit : on donne de grandes
batailles ; mais le vainqueur, hors d'état de
poursuivre ses avantages, ne peut garder ses
conquêtes ; on est bientôt obligé de se quitter, également affoibli par les pertes et par
les succès.

En réfléchissant sur les effets de cette
organisation, on voit qu'il y a une grande
disproportion entre les petits changemens

qui se sont opérés et les grands efforts qui se sont faits. Les conquêtes ne sont jamais étendues ni rapides que parmi des nations dont les progrès, dans l'art du gouverne-ment, sont très-inégaux. Lorsqu'Alexandre-le-Grand, à la tête d'un peuple brave, de mœurs simples, formé à la guerre par des institutions admirables, subjugua un Etat énervé par les excès du luxe et de la mollesse; lorsque Gengis-Kan et Tamerlan, conduisant des armées, des barbares robustes fondirent sur des nations affoiblies par le climat, le commerce et les arts, semblables à des torrens rapides, ces conquérans détruisirent tout devant eux, subjuguèrent les royaumes et les provinces dans l'espace de temps qu'il falloit pour les traverser. Mais les peuples qui sont à-peu-près également civilisés et instruits, ne sont pas exposés aux calamités d'une conquête soudaine. Leurs connoissances, leurs progrès dans l'art de la guerre, leur habileté en politique sont presqu'au même degré. Alors la destinée des Etats ne dépend pas d'une seule bataille. Ils ont dans leur constitution intérieure des ressources nombreuses. Un Etat n'est pas même seul intéressé à sa défense et à sa conservation. D'autres puissances interviennent dans les querelles, et balancent, par leurs secours, les avantages momentanés qu'un des deux partis peut avoir obtenus après des guerres longues et meurtrières. Toutes les nations rivales se trouvent épuisées, aucune n'est vaincue. Enfin, on est forcé de conclure une paix qui laisse à chacun à-peu-près la même puissance et le même territoire.

Tel est l'état de l'Europe : aucun Etat n'a sur les autres assez de supériorité de forces pour ne trouver aucune résistance à ses efforts ; aucune nation ne surpasse les autres dans la science du gouvernement, au point d'avoir acquis sur elle une prééminence marquée. Chaque Etat a, par sa situation et son climat, des avantages et des inconvéniens, et ils sont tous distingués par quelque caractère particulier, soit par l'esprit du peuple, soit par la forme de la constitution : mais les avantages que l'un possède, sont balancés par des circonstances favorables à d'autres ; et de cette combinaison il résulte qu'aucun n'a une supériorité qui puisse devenir funeste à tous. Une telle balance, qui est fondée sur le désir et sur la loi de sa propre conservation, n'est ni chi-

mérique, ni injuste, ni impossible à maintenir. Mais à quelles causes la gloire d'un
si grand ouvrage est-elle principalement
due ? C'est au commerce et aux arts ; ce
sont eux dont les fertiles branches, s'éten-
dant sur toute la terre et sur l'immensité
des mers, ont embrassé toutes les nations,
ont mis un rapport nécessaire entre leurs
besoins, leurs goûts, leurs passions, leur
industrie, leurs richesses ; les ont rendues
tout-à-fait tributaires les unes des autres ;
en un mot, ont lié ces nations et les individus même de ces nations, par des besoins
et des intérêts qui leur sont propres, comme
d'autres besoins et d'autres intérêts avoient
déjà lié les souverains. Combien ces nœuds
personnels, et journellement sentis par tous
les individus, ne doivent-ils pas être plus
forts, plus étendus, plus solides que les
autres ? L'échange continuel de toutes les
richesses, et leur rapide circulation d'un pôle
à l'autre, ont tellement mêlé les intérêts de
tous les peuples, qu'ils sont dans la dépendance la plus étroite les uns des autres, et
qu'il seroit impossible à une nation d'en
détruire une autre sans se porter à elle-même
un coup mortel.

Voilà les barrières insurmontables que la raison et la force des choses opposent aujourd'hui à l'esprit de conquête; voilà l'écueil où l'ambition ira nécessairement se briser. Il n'en coûtoit souvent aux Romains qu'une bataille pour conquérir les plus grands Empires. Souvent, après dix batailles, nous ne sommes pas plus avancés; et ces batailles, plus difficiles à gagner, plus ruineuses, ont épuisé nos finances, suspendu notre commerce, livré nos campagnes à la stérilité, à la dépopulation.

Au milieu cependant de cette impossibilité de conquérir, et malgré tous les freins qui la retiennent, l'ambition s'agite toujours : touchée d'un intérêt présent, elle ne voit pas les maux plus grands qu'elle peut s'attirer dans l'avenir, il faut se précautionner contre ses fureurs; il faut ranimer plus que jamais l'esprit militaire des nations et discipliner les armées; et tout seroit perdu si un peuple puissant et ambitieux trouvoit les autres assez négligens, assez affoiblis pour se procurer tout d'un coup de grands avantages.

Peut-être un jour le genre-humain, plus éclairé, assurera-t-il sa tranquillité sur des

fondemens plus solides que ceux sur lesquels
notre incertaine politique a prétendu l'établir?
Peut-être ce système, d'intérêts combinés et
balancés entre les puissances européennes,
considéré jusqu'à présent comme la chimère
des gens de bien, n'est-il pas absolument
impraticable? La réunion de tous les peuples
sous une loi nouvelle, concertée entr'eux,
et qui fixeroit invariablement leur position,
leurs limites, leurs droits, qui garantiroit
la prospérité mutuelle, paroît, à la vérité,
le chef-d'œuvre de la sagesse; mais elle
n'est pas un être de raison. L'art de penser,
qui fait sans cesse de nouveaux progrès, nous
en fait sentir la possibilité; et le siècle qui
doit produire une transaction si désirée
n'est peut-être pas si éloigné qu'on l'ima-
gine.

CHAPITRE SIXIÈME.

Observations sur l'esprit de guerre et sur l'esprit militaire. Ils diffèrent essentiellement l'un de l'autre.

IL est triste d'imaginer que le premier art qu'aient inventé les hommes, ait été celui de se nuire, et que depuis le commencement des siècles on ait combiné plus de moyens pour détruire l'humanité que pour la rendre heureuse. C'est cependant une vérité bien prouvée par l'histoire. Les passions naquirent avec le monde ; elles enfantèrent la guerre. Celle-ci produisit le désir de vaincre et de se nuire avec plus de succès, l'art militaire enfin. D'abord foible à sa naissance, il ne fut, d'homme à homme, que le talent de tirer parti de son adresse et de sa force. Il se borna, dans les premières familles, à la lutte, au pugilat, ou à l'escrime de quelques armes grossières. Bientôt il s'étendit avec les sociétés ; il rassembla une plus grande quantité d'hommes ; il fut alors, à-peu-près, ce qu'il est aujourd'hui chez les peuples asiatiques.

un amas de connoissances si informes, qu'on
ne peut guères l'honorer du nom de science.
Il s'éleva sur la terre des ambitieux; et cet
art, perfectionné par eux, devint l'instrument de leur gloire; il fit, dans leurs mains,
le destin des nations; il détruisit ou conserva
les Empires; il précéda enfin chez tous les
peuples, les arts et les sciences, et s'y per-
fectionna à mesure que celles-ci s'étendirent.

L'inquiétude et l'ambition, naturelles aux
hommes, agitèrent en effet toutes les nations avec une fureur sans exemple. Chacun
se jetoit sur ses voisins; et comme nulle espèce de liaison n'avoit précédé les invasions,
les premiers rapports nés entre les peuples
furent des rapports de haine; leurs premiers
traités, des traités de sang et de mort. Les
combats, soutenus avec acharnement, n'é-
toient quittés que par la lassitude des deux
partis. La haine ranimée avec les forces, les
reprenoit avec avidité, et la guerre ne fi-
nissoit que par la destruction ou l'asservis-
sement de l'un des deux peuples. Les grands
Empires sembloient plus facilement détruits:
une seule bataille décidoit souvent de leur
sort. Cette politique, qui tient les yeux de
tous les peuples continuellement ouverts sur

ce qui se passe chez les autres, n'étoit point encore imaginée; et le vaincu, que personne n'avoit le pouvoir ni la volonté de secourir, ne se relevoit ordinairement pas d'une défaite que la férocité du vainqueur poussoit toujours à son dernier terme.

Tels sont les tableaux que nous présente à chaque pas l'histoire des nations anciennes: des Empires détruits, des nations dispersées, des révolutions effrayantes qui semblent engloutir les nations dans un vaste abîme, et briser successivement toutes les parties du globe pour les reproduire rapidement, et pour les briser encore.

L'imagination, étonnée de ce fracas, admire ces affreuses scènes. Nous ne pensons pas que le temps des grands évènemens est celui des grands malheurs de l'humanité, et nous avons la folie de nous enchanter d'un spectacle qui devroi tnous remplir d'horreur.

Toute nation est long-temps barbare avant d'être civilisée, et long-temps civilisée avant d'être raisonable. Voilà pourquoi la guerre est par-tout et dans tous les temps, et cette antiquité, cette universalité même, semblent former des titres en sa faveur. Le temps, l'exemple , l'admiration stupide des peuples qui a si souvent entraîné celle des orateurs , des poëtes et des historiens même , paroissent avoir consacré ce fléau. A peine ose-t-on lui donner ce nom, tant l'idée qu'il présente paroît inconciliable avec le respect que l'univers a conçu pour ces grandes calamités , qu'on appelle *victoires et triomphes*. Telle est la misérable foiblesse des hommes qu'ils regardent avec admiration ceux qui ont fait le mal d'une manière brillante, et ils parlent souvent plus volontiers du destructeur d'un Empire , que de celui qui l'a civilisé. Les idées défavorables à la guerre appartiennent à la philosophie moderne , et sont encore combattues. Les écrivains qui, dans ces derniers temps, ont proposé les moyens d'étendre et d'éterniser la paix, ont été traités de *rêveurs*. On a cru rendre à leurs idées tout l'hommage qu'elles méritoient, en les appelant des *rêves* de bons citoyens ; et l'on n'a pas senti que les rêves d'un bon citoyen méritent qu'on cherche tous les moyens de les réaliser.

Le sujet que je traite en ce moment appartient à toutes les nations ; et l'on ne peut remarquer sans douleur, que dans plusieurs

contrées ce n'est pas seulement la guerre qui
multiplie les maux de l'humanité, c'est encore ce génie absolument militaire qui en
est tantôt l'effet, et tantôt le précurseur. Déjà
plusieurs États sont changés comme dans un
vaste corps de casernes, et l'augmentation
successive des armées disciplinées y accroît,
dans la même proportion, les impôts, la
crainte et l'esclavage. -

C'est ainsi que l'innovation de Charles VII,
funeste aux Français, du moins pour l'avenir, préjudicia, par son exemple, à la liberté
de tous les peuples de l'Europe. Chaque nation
eut besoin de se tenir en défense contre une
nation toujours armée. La politique, s'il y en
eût eu dans un temps où les arts, les lettres
et le commerce n'avoient point encore ouvert la communication entre les peuples, la
politique étoit que les princes eussent attaqué tous à-la-fois celui qui s'étoit mis dans
un état de guerre continuel ; mais au lieu de
l'obliger à poser les armes, ils les prirent
eux-mêmes ; cette contagion gagna d'autant
plus vite, qu'elle paroissoit le seul remède
aux dangers d'une invasion, le seul garant de
la sécurité des nations. Tous ces peuples en
aiguisant, en trempant leurs armes dans le

sang, se formèrent dans la science de se bat-
tre, et de se détruire avec un ordre, une mesure infaillibles.

C'est sur - tout à Louis XIV qu'il faut
attribuer cette excessive multiplication de
troupes qui nous offre le spectacle de la
guerre dans le sein de la paix. En tenant
toujours sur pied des armées prodigieuses,
l'orgueilleux monarque réduisit ses voisins
ou ses ennemis à des efforts à-peu-près semblables. La contagion gagna même les princes
trop foibles pour allumer des incendies, trop
pauvres pour les entretenir. Ils vendirent le
sang de leurs légions aux grandes puissances,
et le nombre des soldats s'éleva peu-à-peu
en Europe jusqu'à deux millions.

Depuis cette époque, la plupart des gouvernemens sont ou deviennent militaires. La
perfection même de la discipline en est une
preuve : la sûreté dans les campagnes, la
tranquillité dans les villes, la police qui
règne autour des camps et dans les places
de garnison, annoncent bien que les armes
sont un frein, mais que tout est soumis au
pouvoir des armes. On a multiplié à tel point
les troupes, les généraux, les places fortes,
l'artillerie, tous les instrumens de guerre,

que leur entretien a fait le désespoir des
peuples. Pour subvenir à toutes ces dépenses,
il a fallu surcharger toutes les classes de la
société qui refoulant les unes sur les autres,
écrasent la dernière.

On parle avec horreur des siècles de barbarie, et cependant la guerre étoit alors un
état violent, aujourd'hui c'est presque un
état naturel.

L'influence de la puissance militaire est
beaucoup plus marquée dans une société
étendue que dans une petite association. Les
plus habiles politiques ont calculé le nombre
de bras que l'on peut employer au service
des armes. Selon eux, un état seroit bientôt épuisé, s'il laissoit ainsi dans l'oisiveté
plus de la centième partie des sujets qui la
composent. En général, cette proportion est
uniforme ; mais les effets qui en résultent
varient selon les différens degrés de force
réelle que renferment les principes d'un
gouvernement. Une seule réflexion suffit pour
démontrer la vérité de cette remarque. Le
tyran d'une seule ville ou d'un domaine borné, s'appercevra bientôt que cent soldats
armés sont une bien foible défense contre
dix mille paysans ou citoyens ; mais cent

mille hommes de troupes réglées et bien dis-ciplinées commanderont avec un pouvoir despotique dix millions d'hommes , et un corps de dix ou quinze mille gardes impri-mera la terreur au peuple le plus nombreux d'une capitale immense.

Il étoit presque impossible que l'œil des contemporains ne découvrît pas dans ces établissemens militaires , des semences ca-chées de décadence et de servitude. La mul-tiplication des soldats introduisit un poison lent et secret dans toutes les parties de l'Eu-rope. Si une oppression universelle est le premier inconvénient de l'augmentation de la milice, l'acheminement au despotisme en est le second. Les troupes nombreuses , les places fortes, les magasins et les arsenaux, peuvent empêcher les invasions ; mais en préservant un peuple des irruptions d'un conquérant, ils ne le sauvent pas des atten-tats d'un despote. Tant de soldats ne font que tenir à la chaîne des esclaves tout faits. L'homme le plus foible est alors le plus fort; comme il peut tout , il veut tout. Par les seules armes , il brave les opinions et force les volontés. Avec des soldats , il lève les impôts , avec des impôts , il lève des soldats.

Quand les progrès d'un gouvernement militaire ont amené le despotisme, alors il n'y
a plus de nation. Et tels seront toujours les
effets de cet esprit de guerre qui nous domine, qui ne tend qu'à exalter les courages,
qu'à les pousser au-delà du but de défense
et de conservation qu'indique la nature, qui
ne prêche que mœurs et que vertus guer-
rières. Qu'on y prenne garde, si la généra-
tion actuelle, élevée dans des mœurs douces,
a pris en si peu de temps un tel essor de
mœurs sanguinaires, que sera-ce de celle
qui s'élève dans la rapine et dans le brigandage? encore un pas, et l'on ressuscitera
parmi nous les étranges effets de la servitude
et de la barbarie.

Un troisième inconvénient de l'augmentation des soldats est leur oisiveté : qu'on les
occupe sans excès, mais sans relâche, aussitôt que le bruit des armes a cessé de se faire
entendre, et leurs mœurs seront moins dis-
solues, moins contagieuses, et les forces
pour supporter les fatigues de leur profession ne leur manqueront plus. Les Romains
avoient senti ces vérités. Comment est-il
arrivé que nous, les disciples de ces maîtres
du monde, nous nous soyons si fort écartés

de leurs principes ? C'est que l'Europe a
cru, c'est que l'Europe croit encore que des
mains destinées à manier des armes, à cueillir
des lauriers, seroient avilies par des instrumens uniquement maniés par les habitans
des campagnes. Jusques à quand cet absurde préjugé formé dans des temps barbares subsistera-t-il !

Il y a plus encore : Augmentation de soldats, diminution de courage. Peu d'hommes
naissent propres à la guerre, et ont cette
chaleur de sang et cette fierté de sentiment
qui fait le vrai courage. Tous les peuples n'ont
jamais eu qu'un petit nombre de braves ;
moins on en lève, plus ils valent. Autrefois,
chez nos pères, moins policés et plus forts
que nous, les armées étoient beaucoup moins
nombreuses que les nôtres, et les guerres
plus décisives. D'ailleurs, on ne peut plus
réserver l'usage des armes à cette classe de
citoyens qui aiment leur patrie, qui ont un
patrimoine à défendre, et qui, participant
à l'établissement des lois, sont intéressés à
les faire respecter ; mais à mesure que le
nombre des soldats augmente, on s'attache
plus particulièrement au mérite essentiel de
l'âge, de la force et de la taille militaire ;

(159)

on ne cherche plus dans les campagnes, plutôt
que dans les villes, des hommes nés pour
les armes, puisqu'il est à présumer que les
travaux pénibles des laboureurs et des paysans,
donneront plus de vigueur et de force que
les occupations sédentaires qui contribuent
au luxe : l'ancienne vertu de patriotisme
prend sa source dans la ferme conviction
que notre intérêt est intimement lié à la
conservation et à la prospérité de l'Etat dont
nous sommes membres. Une telle persuasion
avoit rendu les légions de la République romaine presque invincibles ; mais elle ne peut
faire qu'une bien foible impression sur les
mercenaires sans propriété qui composent
nos armées.

Mais, dira-t-on, si nous cessons de faire
la guerre et d'entretenir un grand nombre
de troupes, l'esprit militaire s'affoiblira et
se perdra ; et si un voisin ambitieux et
aguerri vient nous attaquer, comment nous
défendrons-nous ?

Je réponds, 1°. que quand on propose de
substituer la raison à la violence, la paix
à la guerre, et les communications du commerce aux pirateries et à la destruction, on
ne propose pas à une nation de se consacrer

sèule à la paix, parmi tant de nations guer-
rières, et de devenir une colombe au milieu
des vautours : ce sont toutes les nations
qu'on invite à ouvrir les yeux sur l'intérêt
commun , et à réunir toutes leurs forces
militaires contre l'ambitieux qui voudra troubler la paix ; 2°. à tout événement au milieu de la paix, on peut et on doit exercer
ses guerriers dans les arts de la guerre.
Soyez guerrier par l'habileté dans le métier
des armes, et par un appareil de guerre
capable d'intimider les ennemis ; mais pacifique par inclination , et par une rigide
exactitude à ne rien prétendre et à ne rien
entreprendre d'injuste. On pourroit cependant disputer sur cet appareil de guerre ,
qui auroit l'infaillible effet d'obliger les ennemis à en établir un pareil ; ce qui entre-
tiendroit l'état de guerre au milieu de la
paix , et forceroit toutes les nations à se
ruiner à l'envi.

« Sitôt qu'un état augmente ses troupes,
« dit M. de Montesquieux , les autres sou-
» dain augmentent les leurs, de façon qu'on
» ne gagne rien par là que la misère com-
» mune. Chaque monarque tient sur pied
» toutes les armées qu'il pouvoit avoir , si

» ses peuples étoient en danger d'être exter-
» minés, et on nomme paix cet état d'effort
» de tous contre tous. Aussi l'Europe est-elle
» si ruinée, que les particuliers qui seroient
» dans la situation où sont les trois puis-
» sances de cette partie du monde les plus
» opulentes, n'auroient pas de quoi vivre.....
» bientôt, à force de soldats, nous n'aurons
» plus que des soldats, et nous serons comme
» des Tartares ». Au reste, qu'on ne pré-
tende, qu'on n'entreprenne jamais rien d'injuste, et on verra que tout cet appareil de
guerre deviendra inutile ; mais il est toujours utile d'exercer les guerriers.

Rien n'empêcheroit même les nations pacifiques d'envoyer leurs braves s'exercer
et s'instruire chez les nations qui persiste-
roient à faire la guerre, comme Turenne
s'étoit formé dans les Pays-Bas, sous le prince
Maurice, en Allemagne sous le duc de Saxe
Weymar, et d'imiter la sage politique des
Suisses, qui font la guerre pour tous ceux
de leurs alliés qui veulent la faire, mais qui
ne la font jamais pour leur propre compte.

« Voici, dit M. de Fénélon, le moyen
» d'exercer le courage d'une nation en temps
» de paix : les exercices du corps, les prix

» qui exciteront l'émulation , les maximes
» de gloire et de vertu , dont on remplira
» l'ame des enfans presque dès le berceau ,
» par le chant des grandes actions des
» héros. Ajoutez à ces secours celui d'une
» vie sobre et laborieuse : mais ce n'est
» pas tout. Aussitôt qu'un peuple allié de
» votre nation aura une guerre , il faut y
» envoyer la fleur de votre jeunesse , sur-
» tout ceux en qui on remarquera le génie
» de la guerre , et qui seront les plus propres
» à profiter de l'expérience. Ceux-là suffisent
» pour entretenir toute la nation dans une
» émulation de gloire , dans l'amour des
» armes , dans le mépris des fatigues et de
» la mort même ; enfin , dans l'habitude de
» l'art militaire. Par-là , vous conserverez
» une haute réputation chez vos alliés ; votre
» alliance sera recherchée ; on craindra de
» la perdre. Sans avoir la guerre chez vous
» et à vos dépens , vous aurez toujours une
» jeunesse aguerrie et intrépide. Quoique
» vous ayiez la paix chez vous , vous ne
» laisserez pas de traiter avec de grands
» honneurs ceux qui auront le talent de la
» guerre ; car le vrai moyen d'éloigner la
» guerre et de conserver une longue paix ,

» c'est de cultiver les armes, c'est d'honorer
» les hommes excellens dans cette profes-
» sion, c'est d'en avoir toujours qui s'y
» soient exercés dans les pays étrangers,
» et qui connoissent les forces, la discipline,
» et les manières de faire la guerre des
» peuples voisins; c'est d'être également
» incapable et de la faire par ambition et
» de la craindre par molesse. Alors étant
» toujours prêts à la faire pour la néces-
» sité, on parvient à ne l'avoir presque
» jamais.

» Pour les alliés, quand ils sont prêts à
» se faire la guerre les uns aux autres, c'est
» à vous à vous rendre médiateurs. Par-là
» vous acquérez une gloire plus solide et plus
» sûre que celle des conquérans. Vous ga-
» gnez l'amour et l'estime des étrangers;
» ils ont tous besoin de vous; vous régnez
» sur eux par la confiance; vous demeurez
» le dépositaire des secrets, l'arbitre des
» traités, le maître des cœurs. En cet état,
» qu'un peuple voisin vous attaque contre les
» règles de la justice, il vous trouve aguerri,
» préparé; mais ce qui est bien plus fort,
» il vous trouve aimé et secouru. Tous
» vos voisins s'alarment pour vous, et sont

II.

» persuadés que votre conservation fait la
» sûreté publique. »

Avant de parler ainsi, M. de Fénélon a
étalé tous les maux qu'entraîne la guerre :
l'incertitude, le malheur même de la victoire,
par laquelle on se détruit soi-même en dé-
truisant ses ennemis; l'Etat épuisé, dépeuplé,
les terres incultes , le commerce troublé ,
les mœurs corrompues, les lettres négligées,
la justice et la police succombant sous la
licence.

Le Télémaque est véritablement le code
de la paix, dont tous nos livres pacifiques
ne peuvent être que le commentaire. Il ne
s'agit plus que de prouver et de confirmer
par l'histoire ce qui est mis en maximes
dans ce poëme politique, le plus utile de
tous les livres et le plus grand bienfait envers l'humanité.

D'abord il peut paroître surprenant que,
dans l'idée de toutes les nations, le métier
de tuer soit le premier de tous; mais ce
partage avantageux est le fruit de vues
sages et profondes : on ne peut payer autrement que par l'opinion, la mise exhorbi-
tante que font les gens de guerre dans la
contribution , au maintien de la société. Il

est nécessaire que ces victimes volontaires de la sûreté publique forment la première classe des Etats ; et il est juste , et plus expédient, de les honorer que de les payer. Il reste à savoir jusqu'à quel point on doit porter une nation à rechercher cet Etat, malheureusement nécessaire. Les militaires seront toujours au premier rang dans l'Etat; ils en font le repos et la sûreté. Défenseurs de la patrie, quelle reconnoissance, quels honneurs ne leur doit-on pas ? mais plus leur sang est précieux , plus il doit être ménagé ; si c'est pour eux une gloire d'en être prodigues , c'est pour l'Etat un devoir d'en être avare.

Résumons toute cette doctrine : l'esprit militaire doit être entretenu pour la défense des nations ; mais l'esprit de guerre doit être réprimé ou même éteint , pour le bonheur du monde. Souvenons - nous de cette belle définition que les Stoïciens faisoient de la valeur : *c'est*, disoient - ils, *la vertu combattant pour la justice.*

C'est ce que Lycurgue avoit bien compris ; c'est sur ce plan qu'étoit conçue cette législation qui fit, dit-on, pendant plus de sept cents ans, le bonheur d'une nation vertueuse, où l'on apprenoit de si bonne heure l'art de commander , et l'art plus difficile, d'obéir ; d'une nation qui ne fut jamais énorgueillie par les succès ni abattue par les revers , qui eut toujours l'ascendant sur les autres , qui défit les Perses , battit souvent les généraux d'Athènes , et finit par s'emparer de leur capitale ; qui ne fut ni frivole, ni inconséquente, ni gouvernée par des orateurs corrompus ; et quoiqu'il eût assigné le premier rang à la valeur , ses lois n'ont jamais eu la guerre pour objet. En le soutenant , ce seroit prêter au plus sage , au plus humain des législateurs , le projet le plus cruel et le plus insensé : le plus cruel, s'il a voulu perpétuer dans la Grèce une milice altérée du sang des nations et de la soif des conquêtes ; le plus insensé, puisque pour l'exécuter il auroit proposé des moyens contraires à ses vues. Parcourez son code militaire ; ses dispositions, prises dans leur sens littéral , ne tendirent qu'à remplir les habitans de Lacédémone de sentimens généreux , qu'à réprimer leur ambition.

Par quels moyens en effet pourroit s'agrandir une nation dont on enchaîne à chaque pas la valeur qui, du côté de la mer, privée

par ses lois de matelots et de vaisseaux,
n'a pas la liberté d'étendre ses domaines,
et, du côté de la terre, celle d'assiéger les
places dont les frontières de ses voisins sont
couvertes ; à qui l'on défend de poursuivre
l'ennemi dans sa fuite, et de s'enrichir de
ses dépouilles ; qui, ne pouvant faire la
guerre souvent au même peuple, est obligée
de préférer les voies de la négociation à
celle des armes ; qui, ne devant pas se
mettre en marche avant la pleine-lune, ni
combattre en certaines fêtes, risque quelquefois de voir échouer ses projets, et qui,
par son extrême pauvreté, ne sauroit, dans
aucun temps, former de grandes entreprises.
Lycurgue n'a pas voulu former une pépinière
de conquérans, mais des guerriers tranquilles
qui ne respireroient que la paix, si l'on respectoit leur repos, que la guerre, si on
avoit l'audace de le troubler.

Je n'examine point s'il est vrai que les
mêmes principes de gouvernement ne puissent convenir à un petit Etat et à un grand ;
si l'on ne peut pas faire faire à vingt-cinq millions d'hommes, ce qu'on fait faire à cent
mille, et si l'enthousiasme de la vertu ne se
communique point comme la contagion du

vice : cette question mèneroit trop loin. Je ne veux qu'observer combien l'esprit militaire et l'esprit de guerre peuvent être aisément séparés. C'est dans cette république où une mère recommandoit à son fils, partant pour l'armée, de revenir avec *son bouclier* ou *sur son bouclier*; c'est de cette manière qu'on rapportoit ceux qui avoient été tués. C'est dans cette république où une autre mère, apprenant la mort de son fils, tué dans une bataille, répondoit : *je ne l'avois mis au monde que pour cela;* où la mère de Pausanias, coupable, portoit des pierres pour murer la porte de l'asile dans lequel il s'étoit réfugié. C'est dans cette ville qu'on chassoit de ses murs le poëte Archiloque, pour quelques maximes trop indulgentes à l'égard de la lâcheté; où nul oppropre n'égaloit celui d'avoir fui à la guerre; où les femmes et les mères de ceux qui étoient revenus de la défaite de Leuctres, envioient les mères et les veuves de ceux qui avoient péri, et n'osoient paroître devant elles. C'est dans cette république, où trois cents hommes arrêtoient, auprès des Thermopyles, l'innombrable armée des Perses, et *périssoient pour obéir aux saintes lois de Sparte.* C'est là qu'on évitoit le crime des conquêtes comme la honte de la fuite ; c'est là , qu'également éloigné de l'avidité qui préside aux guerres des peuples barbares , de l'esprit d'orgueil et de domination qui porte les grandes puissances à la guerre , du petit esprit de vengeance qui perpétue nos funestes et inutiles guerres , un peuple tout guerrier ne combattoit jamais que pour la défense de l'Etat. Voilà pourquoi il ne fuyoit jamais. Aux succès de la bravoure on y ajoutoit ceux que ménage la prudence. On ne suspendoit point aux temples les dépouilles de l'ennemi. *Des offrandes enlevées à des lâches,* disoit le roi Cléomène , *ne doivent pas être exposées aux regards des dieux ni à ceux de notre jeunesse.*

L'amour de la patrie augmentoit en intensité à proportion du peu d'étendue de la patrie. Eh! quel citoyen ne deviendroit soldat, quel soldat ne deviendroit invincible, quand il s'agit de ces intérêts puissans , de la nature et de l'amour. Le peuple le plus redoutable sera toujours celui qui , fondant comme les Spartiates , son bonheur sur la vertu , sa sûreté sur la justice et la modération , bornera toujours la guerre à la défense.

En vain voudroit-on révoquer en doute des mœurs si éloignées des nôtres. On ne peut connoître l'antiquité que par le témoignage des historiens : tous déposent et s'accordent sur cet article. Mais comme on ne juge des hommes que par ceux de son siècle, on a peine à se persuader qu'il y en ait eu de plus sages autrefois, quoiqu'on ne laisse pas de le répéter par humeur. Je veux bien accorder quelque chose à un doute philosophique, en supposant que les historiens ont embelli les objets ; mais c'est précisément ce qui prouve à un philosophe qu'il y a un fonds de vérité dans ce qu'ils ont écrit. Il s'en faut bien qu'ils rendent un pareil témoignage à d'autres peuples, dont ils vouloient cependant relever la gloire.

Un peuple guerrier, qui n'attaque jamais, est donc une chose possible ; et c'est assurément une chose bien respectable : aussi Plutarque nous représente t-il les Lacédémoniens comme des ministres de paix chez les nations étrangères, portant par-tout l'ordre avec la concorde, terminant les guerres, appaisant les séditions par leur seule présence. Les peuples soumis, dit-il, venoient se ranger autour d'un ambassadeur Lacédémonien, comme

les abeilles autour de leur roi. Tel étoit l'ascendant que le désintéressement, la modération, la justice, donnoient à ce peuple vertueux sur les autres peuples, et qu'il conserva,
selon Plutarque, pendant plus de sept cents
ans, c'est-à-dire, tant qu'il fut fidèle aux lois
de Lycurgue. Voilà la vraie politique ; c'est
toujours dans la paix qu'il faut chercher la
considération , ainsi que le bonheur.

Quant à cette autre petite politique, pour
qui tromper et nuire, ou même mentir sans
pouvoir tromper , et brouiller sans pouvoir
nuire, est ce qui s'appelle esprit, adresse ,
qui veut qu'on n'oublie rien , pour semer et
entretenir les troubles chez ses voisins, pour
assurer, dit-on, la paix chez soi ; qui veut
qu'on profite contre eux des temps d'embarras, de minorité, de foiblesse, comme si on
étoit sûr de ne se trouver jamais dans le
même état , d'être toujours seul puissant ,
sage et heureux ; comme si enfin toutes ces
petites scélératesses imbéciles ne se rendoient
pas toujours au centuple ; cette politique qui
tient registre de tous les torts des ennemis
pour avoir à leur égard les mêmes torts dans
la même occasion ; comme si rendre toujours injure pour injure, vengeance pour vengeance ,

n'étoit pas le moyen de perpétuer l'état de guerre ? Cette politique, enseignée par Machiavel, pratiquée par les Louis XI et les Ferdinand, consacrée par l'usage vulgaire, n'est que le grand art de se ruiner en s'avilisssant.

J'insiste sur cet article, et je voudrois pouvoir mettre dans tout son jour toute la stupidité de la mauvaise foi ; car on ne sauroit croire à quel point est encore générale cette erreur qui encense le machiavélisme, et qui le fait pratiquer à ceux même que leur caractère en éloigneroit le plus. On raconte les traits de fourberie de Louis XI, de Ferdinand-le-Catholique, et de leurs imitateurs, rois, ministres, ou intriguans subalternes. L'artifice séduit tous les esprits vulgaires par un faux air de finesse, comme le crime hardi les éblouit quelquefois par un faux air de grandeur. Mais, réfléchissez ; voyez si par la nature des choses le crime et l'artifice peuvent ne pas révolter, s'ils peuvent ne pas entraîner tôt ou tard la perte de ceux qui les emploient ; consultez l'histoire : voyez quel a eté dans tous les temps le fruit de cette politique ; voyez si elle ne s'est pas toujours tournée contre ceux qui l'ont suivie ; voyez si le mal qu'on a fait, a jamais produit au

tre chose que le mal; voyez s'il peut y avoir
de l'esprit ou de la grandeur à travailler ainsi
contre soi-même, et à préparer sa perte par
les moyens qu'on prend pour affermir sa puissance.

Cette politique frauduleuse n'est toujours
que l'esprit de guerre sous une autre forme;
c'est la guerre de cabinet qui prépare la
guerre ordinaire, et qui nuit par les négociations en attendant de nuire par les armes.

Une autre branche de l'esprit de guerre,
plus funeste encore, est cette même politique appliquée au gouvernement intérieur.
Delà, la séparation des intérêts du peuple
et de ceux du gouvernement. Delà, toutes
ces maximes inventées par des tyrans et
répétées par des esclaves : *Diviser pour
règner; qui ne sait pas dissimuler, ne sait
pas règner. Ne jamais faire reculer l'autorité.* Delà, toutes ces autres phrases tyran-
niques qui, pour être vides de sens, n'en
sont que plus dangereuses : *Raison d'Etat,
secrets d'Etat, mystères d'Etat, circonstances présentes qui exigent, permettent,
défendent, etc.* C'est en s'enveloppant des
ombres de cette politique mystérieuse et
criminelle que Catherine de Médicis parvint

par degrés de l'intrigue à la guerre civilé, et de la guerre civile à la Saint-Barthélemi. Eh! pourquoi ces mystères? triste et funeste folie! cachez vos crimes, vous y avez intérêt, sans doute, et par conséquent vous avez intérêt de n'en point commettre; mais rendez les peuples heureux, et donnez votre secret à tous les gouvernemens!

L'esprit de guerre est tellement un délire, qu'il n'a presque jamais saisi les occasions où il eût été sage et utile de faire la guerre. Quand un peuple s'annonce pour conquérant, c'est l'ennemi du genre humain qui se déclare; l'intérêt commun est de se réunir contre lui, et c'est ce qu'on n'a point fait. On a laissé Philippe et Alexandre conquérir tant qu'ils ont voulu. Toute l'éloquence de Démosthène ne put engager les Athéniens à prendre les mesures nécessaires pour assurer la liberté de la Grèce et la leur contre les entreprises de Philippe; et nous ne voyons pas que les nations grecques, subjuguées par ce même Philippe, voyant Alexandre engagé au fond de l'Egypte, de la Perse ou de l'Inde, aient profité de son éloignement pour secouer le joug; du moins si quelques unes de ces nations le tentèrent, leurs foibles efforts furent sans proportion avec l'objet, et on les remarque à peine dans l'histoire. Les Romains ne daignoient pas même cacher le projet d'asservir l'Univers ; jamais peuple ne s'est annoncé si insolemment pour l'ennemi public des nations ; un de leurs sages, Caton, ne croyoit pas qu'une puissance qui osoit être la rivale de Rome pût, après un tel crime, conserver le droit d'exister, et la formule finale de tous ses avis sur cette matière , soit publique, soit particulière , étoit toujours : *Et de plus, il faut détruire Carthage.* Delà cette aversion secrète qui se mêle à l'admiration que ce peuple inspire, ce plaisir qu'éprouve un lecteur sensible, en voyant Annibal et Asdrubal retarder au moins l'exécution de cet odieux projet. Delà cet intérêt répandu sur les noms de *Cannes*, *de Trébie* et du *Lac de Thrasimène*. De-là vient encore que, dans nos tragédies, Nicomède et Mithridate nous plaisent par leur seule haine pour les Romains. Cependant, quelles mesures l'Univers, ainsi averti, prit-il pour défendre sa liberté ? Quelle réunion de vues et d'efforts lui vit-on opposer à l'ambition toujours croissante de ces conquérans ? On les laissa marcher tour-à-tour sur la tête de tous les souverains, et opprimer toutes les nations une à une. En vain Annibal crioit à Antiochus, à Philippe, à Prusias, à cet Attale, lâche jusques dans son indigne reconnoissance, qui se disoit l'affranchi du peuple romain, et qui n'en étoit que l'esclave : *Réunissez-vous, n'attendez pas qu'on vous écrase l'un après l'autre.* On entrevit à peine qu'il avoit raison, et on le laissa périr. Même aveuglément, même patience des peuples à l'égard des Sarrasins et des Turcs : je les vois conquérir une à une les diverses contrées ; nulle réunion contre eux, nulle conjuration en faveur de la liberté de la part des peuples menacés. Le genre humain ne sait ni se réunir, ni se secourir.

Le même esprit de guerre, appliqué à la religion et à la théologie, nous a valu l'inquisition et le fléau des persécutions, toujours si fréquentes et si cruelles dans les pays même qui croient rejeter l'inquisition.

Enfin, l'esprit de guerre, appliqué aux connoissances humaines, a troublé la paisible littérature, a retardé les progrès de la raison, corrompu ces pures et délicieuses jouissances de l'esprit, qui devoient être le

produit des lumières et des talens ; à dé-
gradé la science et humilié le génie , a con-
solé les sots et les méchans de la supériorité
des gens de lettres , en offrant , à des yeux
ennemis ou prévenus , l'indécence de nos
combats d'orgueil , le scandale de nos querelles littéraires.

Telles sont les principales espèces d'ennemis que l'esprit de guerre soulève contre
le bonheur du genre humain. Dans la
guerre , des conquérans , fléaux de l'Univers. Dans la politique intérieure , des
fourbes malfaisans qui éternisent les guerres.
Dans la politique intérieure , des tyrans qui
forcent les peuples et les accablent.

CHAPITRE SEPTIÈME.

De la Gloire et des Honneursmilitaires.

ON l'a dit depuis long-temps : heureuse la nation dont les fastes n'amuseront point la postérité par le récit de sanglantes révolutions ! j'ajoute : véritablement grand et digne d'un amour éternel , l'homme d'Etat dont l'histoire ne formera les politiques que dans l'art de rendre les peuples heureux. Il faut l'avouer , l'entretien d'une longue paix n'attire point les acclamations , les applaudissemens populaires ; la nation jouit de son bonheur sans l'appercevoir : la paix est la santé de l'Etat ; on n'y pense que dans la triste nécessité de la regretter après l'avoir perdue.

Le ministre , véritablement ami des hommes , ne connoît point cet amour de la fausse gloire , le foible , disons mieux, la petitesse des grands hommes. Cette longue paix qui obscurcit les talens aux yeux du vulgaire , combien les relève-t-elle aux yeux du sage ? En effet , prenez garde ; qui sait

s'il ne leur en a pas coûté davantage de conserver la prospérité d'un Etat par une administration paisible que de la préparer par
des victoires et des conquêtes ? Dès que vous
vous élevez sur les ruines d'une puissance
trop redoutée, vous devenez l'objet des ter-
reurs ; vous succédez aux haines qu'elle inspiroit. L'intérêt politique sépare ce qu'il
avoit uni ; il avoit armé les nations en votre
faveur, afin d'empêcher votre chûte ; il les
arme contre vous, afin de prévenir vos desseins. Delà, dans tous les siècles, ce flux
et ce reflux de monarchies, élevées et abais-
sées, maintenues et bouleversées, par les
efforts des peuples réunis, d'abord pour les
défendre, ensuite pour les détruire. Delà la
solution de ce problême de politique, que les
Empires commencent à toucher à leur ruine,
dès qu'ils arrivent à une prospérité trop
brillante, et que l'instant de leur gloire
amène le moment de leur décadence. D'où il
résulte que tout peuple qui veut être libre
et se conserver, ne doit pas vouloir être
conquérant. Mais tant que le genre humain
continuera de mettre ses destructeurs au
premier rang, et d'accorder à ses bienfaiteurs un moindre tribut d'éloges, la soif de

la gloire militaire sera toujours le défaut des caractères les plus élevés. Les louanges d'Alexandre, chantées par les poëtes et les historiens, allumèrent dans l'ame de Trajan une émulation dangereuse.

Nous sommes bien éloignés de disputer à la profession des armes la part qu'elle doit avoir à la gloire de l'État, dont elle est le bouclier. Que le guerrier soit armé pour la bonne ou la mauvaise cause, qu'il reçoive l'épée des mains de la justice ou des mains de l'ambition, il n'est ni juge ni garant des projets qu'il exécute. Sa gloire personnellé est sans tache : elle doit être proportionnée aux efforts qu'elle lui coûte. L'austérité de la discipline à laquelle il se soumet, la rigueur des travaux qu'il s'impose, les dangers affreux qu'il va courir, en un mot, les sacrifices multipliés de sa liberté, de son repos, de sa vie, ne peuvent être dignement payés que par la gloire. A cette gloire, qui accompagne la valeur généreuse et pure, se joint encore la gloire des talens, qui, dans un grand capitaine, éclairent, secondent et couronnent la valeur.

Sous ce point de vue, il n'est point de gloire comparable à celle des guerriers; car celle même des législateurs exige peut-être plus de talent, mais beaucoup moins de sacrifices. Leurs travaux sont assidus et pénibles, mais ils ne sont pas dangereux. En supposant donc le fléau de la guerre inévitable pour l'humanité, la profession des armes doit être la plus honorable, comme la plus périlleuse. Il seroit dangereux, surtout, de lui donner une rivale dans les états exposés, par leur situation, à la jalousie et aux insultes de leurs voisins. C'est peu d'y honorer le mérite qui commande, il faut y honorer encore la valeur qui obéit. Il doit y avoir une masse de gloire pour le corps qui se distingue; car si la gloire n'est pas l'objet de chaque soldat en particulier, elle est l'objet de la multitude réunie; et ce qu'on appelle l'esprit militaire ne peut avoir d'autre aliment, d'autre mobile que l'honneur.

Si la crainte est le ressort par lequel la discipline militaire peut entretenir plus efficacement l'ordre public, il est un autre ressort pour produire les grandes actions, la *gloire*. Cette affection de l'ame est susceptible de recevoir deux modifications, qui, quoique produites par le même principe, n'en sont pas moins distinctes entre elles. Si on l'applique à des actions d'une importance et d'une utilité majeure, le nom de *gloire* lui est expressément assigné ; tandis que bornée à des circonstances plus particulières et moins éclantes, elle prend la désignation d'*honneur*. Ainsi l'éclat de la gloire ne peut guères être l'appanage que des chefs ; mais l'honneur peut exercer son empire sur tous les individus.

C'est expressément d'après cette distinction que la dispensation des récompenses militaires avoit été réglée dans la république romaine ; les unes appartiennent exclusivement au généralat, et d'autres, sans exception d'individus, devenoient le prix de la vertu guerrière.

Le triomphe décerné aux généraux brilloit d'un tel éclat, que sa pompe ne pouvoit être convenable qu'aux mœurs d'un peuple, dont l'orgueil faisoit la passion dominante. Le triomphateur, assis sur un char d'une forme particulière, revêtoit tous les ornemens qui avoient appartenu aux rois de la monarchie ; à savoir, la couronne, le sceptre, la robe de pourpre à fleurs d'or. Pour ne lui laisser rien à désirer dans ce jour de gloire, on lui permettoit de s'entourer de sa famille et de

ses proches; les enfans et les filles assis autour de lui , et les garçons en âge de puberté
à cheval aux portières de son char. Le corps
du sénat, les magistrats et tous les ordres de
l'Etat, en n'occupant que le second rang
dans la cérémonie , rendoient hommage par
leur présence à la suprématie du général. On
voyoit défiler ensuite les divers corps de militaires licenciés qui avoient composé l'armée
victorieuse.

De tous côtés l'air retentissoit de chants
d'allégresse, où les exploits guerriers étoient
célébrés à l'envi. Rien n'étoit oublié de ce
qui pouvoit ajouter à la pompe du spectacle.
On y étaloit un luxe énorme ; mais pour répéter l'expression de J.-J. Rousseau, c'étoit
le luxe des vaincus ; plus il brilloit, moins
il satisfaisoit. Son éclat même étoit une
grande leçon pour les Romains. Pour conserver à la distinction du triomphe tout son
éclat, on se garda bien de le prodiguer ; et
ce prix de la victoire ne fut pas accordé
indistinctement à tous les généraux vain-
queurs.1 Le sénat, dans la dispensation qu'il
en fit, eut égard aux considérations suivantes :
Le triomphateur devoit occuper l'une des
grandes magistratures de la république ; ses

victoires devoient être réelles et décisives, sans que des pertes précédentes les eussent balancées.

Vers la fin du quatrième siècle de la république, on institua l'*ovation* ou petit triomphe, afin de ne pas laisser sans récompenses les généraux vainqueurs qui n'avoient pas rempli les conditions requises pour triompher pleinement. La cérémonie de l'ovation étoit beaucoup moins imposante. Le vainqueur marchoit à pied, couronné de myrthes, et non de lauriers.

On ne s'étoit pas borné à entretenir l'émulation générale par l'activité des récompenses que comportoit le régime militaire ; plusieurs sortes de prix particuliers avoient été dévolus au courage. La récompense la plus flatteuse qu'un guerrier pût recevoir de son général consistoit en une couronne : celle qu'on appeloit civique obtenoit le premier rang. Pour la mériter, il falloit avoir sauvé la vie dans un combat à l'un de ses camarades. Quelques branches de chêne couronnoient cette action, la plus méritoire qu'un citoyen privé puisse offrir à la patrie. Aussi le militaire qui en étoit décoré jouissoit, pendant toute sa vie, de quelques honneurs, et il associoit même à la participation de sa gloire son père et son aïeul. Une place d'honneur, lui étoit affectée dans les jeux publics ; elle étoit marquée à côté des sénateurs , qui se levoient à l'arrivée de ces braves guerriers , pour leur donner un témoignage public de déférence.

Le militaire couronné conservoit cet ornement pendant son vivant ; mais après s'être montré à ses concitoyens dans cet attirail de gloire, il ne le reprenoit que dans les occasions solemnelles. C'étoit sa parure de fête , qu'il portoit aux jeux et aux spectacles publics , ainsi que dans toutes les cérémonies d'appareil. Hors de ces cas , et dans la familiarité de la vie domestique , tous ces ornemens militaires décoroient le lieu le plus ostensible de la maison. Quelquefois la piété donnoit un nouveau relief aux trophées de la victoire , et le vainqueur les *appendoit* dans un temple , après les avoir consacré à la divinité.

Il existoit un genre de distinction plus éclatante encore ; et le sénat en récompensoit ceux qui avoient mérité de fixer plus expressément les regards du gouvernement. Une statue décernée à un héros , l'associoit

de son vivant au sentiment de son immorta-
lité. Sans doute, le ciseau de la sculpture
s'exerçoit plus fréquemment à rendre les traits
des hommes, que l'occupation d'une grande
place avoit mis à portée de faire de grandes
choses; mais il n'étoit pas interdit au citoyen
d'y figurer à côté du magistrat et du général.
Le sénat n'avoit pas oublié d'y placer les Hora-
tius Coclès, les Scévola, les Clelie, et même
le grec Hermodore (1).

Quoique l'esprit de l'administration fût
d'employer le mobile de l'honneur bien plus
que celui de l'intérêt; néanmoins on ne né-
gligeoit pas de joindre des récompenses utiles
aux distinctions honorables. La gloire étoit
offerte aux ames nobles, comme le seul prix
qui puisse récompenser des actions qu'elle a

____

(1) On voit dans Pline que Hermodore d'Ephèse avoit ob-
tenu l'honneur insigne d'une statue au *Forum*, pour avoir
facilité la rédaction de la loi des Douze Tables. L'ignorance
des lettres grecques, à Rome étoit telle, que peut-être le droit
romain eût été privé des secours qu'il emprunta des législateurs étrangers, si la présence d'Hermodore n'avoit pas offert
aux Décemvirs un interprète éclairé. Les députés avoient bien
pu apporter de la Grèce les lois de Lycurgue et de Solon,
mais ils n'étoient point en état, comme le philosophe
d'Ephèse, de saisir la connexion qui lioit les codes qu'ils avoient
dû composer.

commandées, et l'utilité propre agissoit sur la masse des individus.

Je ne propose point aux nations modernes de copier ces modèles. Je ne les offre que pour faire saisir la marche d'une administration qui s'occupe de nourrir l'esprit militaire. Puisque la guerre durera autant que les intérêts et les passions humaines, puisque les peuples seront toujours entr'eux dans cet état sauvage, où la force ne reconnoît d'autre justice que le meurtre. Il importe d'honorer la valeur, de célébrer les défenseurs et les victimes honorables de l'Etat, de citer les grandes actions et cette foule de traits qui, dans le cours d'une campagne ou d'une guerre, échappent à des héros que souvent on ne connoissoit point; car il est des hommes qui, simples et peu remarqués dans l'usage ordinaire de la vie, déploient dans les grands dangers un grand caractère, et révèlent tout-à-coup le secret de leur ame. Il importe d'immortaliser des prodiges que souvent la jalousie étouffe, et que bientôt l'ingratitude oublie de rendre justice à des guerriers obscurs, à qui il est plus aisé de sacrifier leur vie que d'obtenir la gloire, et en qui une sorte d'héroïsme inculte et sauvage fait de

grandes choses avec naïveté, et étonne quelquefois les autres sans se connoître lui-même.
Le soldat, comme l'officier, doit savoir que
pour aspirer à la renommée il suffit d'être
brave, et qu'elle n'est plus comme autrefois
les honneurs, le patrimoine exclusif de celui
qui a de la fortune et des aïeux.

Combien d'excellens principes ne pouvons-
nous pas emprunter ici des anciens? Et combien ne devons - nous pas rougir de n'avoir
pas su les imiter? Des troupes, composées
pour la plupart de jeunes gens sans aveu,
sans ressources, souvent perdus de mœurs
et de débauches, font tout l'espoir de nos
Etats. Les comparerons - nous à ces braves
citoyens durement élevés dans le sein d'une
famille laborieuse, accoutumés à goûter tous
les sentimens qui lient les hommes à leurs
pays, et tous personnellement intéressés à
la prospérité de la patrie.

Notre discipline, dit-on, est admirable;
elle épure ces germes corrompus; elle en fait
sortir des hommes braves, obéissans, pleins
d'honneur. Que seroit-ce donc si la nature
avoit déjà mis en eux la disposition à ces vertus; si l'éducation, le travail les avoient déjà
développées; si le soldat en combattant avoit

devant les yeux un père , une famille , empressés de le revoir, et lui préparant à son retour , dans les témoignages de leur tendresse, le prix le plus doux de sa valeur ? Combien cette discipline elle - même ne se perfectionneroit-elle pas, lorsqu'au lieu d'être fondée sur la crainte, elle le seroit sur les mœurs ? Et verroit-on encore dans nos armées ces découragemens, ces dégoûts, ces desertions qui accusent, quoiqu'on en dise, la foiblesse de nos institutions.

Si la composition de nos armées est essentiellement mauvaise , combien de vices ne pourroit-on pas remarquer dans l'éducation de nos soldats ? Pourquoi nos armées sont-elles plus détruites par les fatigues, par les maladies, que par le fer des ennemis ? N'ôteroit-on pas ce principe de destruction , si on s'appliquoit à fortifier le corps des militaires, si à l'exemple des soldats Romains , continuellement exercés aux plus durs travaux , ils se voyoient obligés de souhaiter le combat comme le terme de leurs peines ?

La composition des armées Romaines en faisoit toute la force. Là , des mercenaires n'étoient point excités par un gain sordide à défendre les intérêts de l'Etat. Tout citoyen

étoit soldat ; parce que l'amour de la patrie
étoit inné dans tous les cœurs : tout Romain
en s'armant pour elle savoit qu'il combattoit pour ses biens , sa liberté , pour cette
portion précieuse de l'autorité publique, dont
ils jouissoient comme citoyen. Il savoit que la
perte de tous ces biens seroit attachée à sa
défaite. Quels motifs plus capables d'inspirer
cette valeur déterminée, cette invincible opiniâtreté qui ne connoît point de milieu entre
la mort et la victoire !

Il falloit même être citoyen pour être ad-
mis dans les légions : on auroit envié à l'é-
tranger l'honneur de verser son sang pour la
République. Il y avoit encore un choix à
faire parmi les citoyens eux-mêmes. On ne
confioit la défense de l'Etat qu'à ceux qui
avoient assez de bien pour s'intéresser vi-
vement à sa conservation. Avec des troupes
ainsi composées , Rome ne plaçoit point sa
confiance dans la multitude des soldats. Des
armées peu considérables dissipèrent des
multitudes de barbares , elles triomphèrent
des plus vaillans ennemis. Elles renversèrent
les plus grands Empires. Ces armées , si peu
nombreuses en comparaison des nôtres, ne
surchargeoient pas la République, ne dépeu-

ploient point les campagnes, ne consumoient pas sa jeunesse. Tandis que nos provinces, épuisées après deux ou trois campagnes malheureuses, ne fournissent plus de soldats, Rome n'éprouvoit aucun affoiblissement après les guerres les plus opiniâtres.

Quel aveuglement est le nôtre. Les Romains que la guerre enrichissoit, chez qui tout le monde naissoit soldat, ne mettoient sur pied que des armées peu nombreuses. Nous dont la fausse politique a amolli tous les peuples ; nous, que la victoire même appauvrit, nous traînons au champ de Mars des multitudes de combattans. Imprudens, nous nous faisons à nous-mêmes plus de mal que l'ennemi ne sauroit nous en faire : nous épuisons d'abord tous nos moyens : nous nous exposons à subir la paix la plus humiliante, faute de pouvoir réparer les premières disgraces, où si la valeur de nos guerriers et la foiblesse de nos ennemis attachent la victoire à nos étendarts, nous payons souvent de nos larmes les succès de nos généraux, et la paix trouve autant de maux à réparer chez les vainqueurs que chez les vaincus. N'envions donc point à des peuples avides de réputation, l'avantage de se signaler par des projets tumultueux , par des desseins hardis , par de vastes entreprises , n'ambitionnons pas de mettre sur le théâtre du monde des scènes intéressantes , dont nous serons les acteurs et les auteurs ; ne cherchons point à imiter ces torrens, ces incendies qui laissent le souvenir de leur passage dans les débris et les ruines des Empires.

Nous l'avons déjà dit , le genre de gloire le plus funeste , mais le plus frappant , fut toujours l'éclat des conquêtes , telle est la force du merveilleux sur les esprits de la multitude. Les opérations productrices sont la plupart lentes et tranquilles , elles ne nous étonnent point ; les opérations destructives sont rapides et bruyantes , nous les plaçons au rang des prodiges. Il ne faut qu'un mois pour ravager une province , il faut dix ans pour la fertiliser. On admire celui qui l'a ravagée : à peine daigne-t-on penser à celui qui la rend fertile. Faut-il s'étonner qu'il se fasse tant de grands maux et si peu de grands biens.

Les peuples n'auront-ils jamais le courage ou le bon sens de se réunir contre celui qui les immole à son ambition effrenée , et de lui dire comme le Scythe à Alexandre : *Qu'avons-nous à démêler avec toi ? jamis nous n'avons mis le pied dans ton pays. N'est-il pas permis à ceux qui vivent dans les bois d'ignorer qui tu es et d'où tu viens ?*

Savez-vous ce que vous faites , peut-on demander à ceux qui célèbrent les conquêtes ? Vous applaudissez à des gladiateurs qui , s'exerçant au milieu de vous , se disputent le prix que vous réservez à qui vous portera les coups les plus sûrs et les plus terribles. Redoublez d'acclamations et d'éloges. Aujourd'hui ce sont les corps sanglans de vos voisins qui tombent épars dans l'arène , demain ce sera votre tour.

N'y aura - t - il pas du moins une classe d'hommes assez au-dessus du vulgaire , assez sages , assez courageux, assez éloquens , pour soulever le monde contre ses oppresseurs , et lui rendre odieuse une gloire barbare.

Les gens de lettres déterminent l'opinion d'un siècle à l'autre, c'est par eux qu'elle est fixée et transmise, en quoi ils peuvent être les arbitres de la gloire , et par conséquent les plus utiles des hommes. Mais il faut l'avouer, ils ont trop souvent oublié la dignité de leur état, et leurs éloges prostitués aux crimes heureux , ont fait de grands maux à la terre. Ce n'est pas tant la crainte , l'intérêt, la bassesse, que l'éblouissement, l'illusion, l'enthousiasme, qui ont porté les gens de lettres à décerner la gloire aux forfaits éclatans. On est frappé d'une force d'esprit ou d'ame surprenante dans les grands crimes, comme dans les grandes vertus. Les imaginations vives n'en ont vu l'explosion que comme un développement prodigieux des ressorts de la nature, comme un tableau magnifique à prendre. En admirant la cause, on a loué les effets : ainsi les tyrans de la terre en sont devenus les héros.

Quel parti doit prendre l'homme de lettres à la vue des succès injustes et des crimes heureux ? S'élever contre, s'il en a la liberté et le courage, se taire, s'il ne peut ou s'il n'ose rien de plus. Ce silence universel des gens de lettres seroit lui-même un jugement terrible, si l'on étoit accoutumé à les voir se réunir pour rendre un témoignage éclatant aux actions vraiment glorieuses. Que l'on suppose ce concert unanime tel qu'il devroit être, tous les poëtes, tous les historiens, tous les orateurs se répondant des extrémités du monde, et prêtant à la renommée d'un vainqueur pacifique des voix éloquentes et sublimes pour répandre son nom et sa gloire

dans l'univers : qu'il paroisse alors un homme
injuste, violent, ambitieux, quelque puissant,
quelque heureux qu'il soit, les organes de la
gloire seront muets, la terre entendra ce silence, le tyran l'entendra lui-même et il sera
confondu.

Quel respect n'imprimeroient pas le pinceau
de la poésie, le burin de l'histoire, la foudre
de l'éloquence dans des mains équitables et
pures? Le crayon foible, mais hardi de l'Aretin
faisoit trembler les empereurs. La fausse
gloire des conquérans n'est pas la seule qu'il
faudroit convertir en opprobre, mais les
principes qui la condamnent s'appliquent
naturellement à tout ce qui lui ressemble.

Un conquérant, dit Sadi, qui aimoit la
gloire, mais plus avide de renommée que
juste, s'étonnoit de ce qu'un homme vertueux
et que tout le peuple respectoit ne parloit
jamais de lui. Il le manda. Pourquoi, dit-il,
les hommes les plus sages de mon Empire
se taisent-ils sur mes conquêtes? Prince, dit
le vieillard, les sages des siècles suivans le
diront à ta postérité, et il se retira.

CHAPITRE HUITIÈME.

*Devoirs réciproques des Nations et morale
des Etats.*

Les maximes pacifiques qui forment tout
l'intérêt de cet ouvrage , présenteroient une
lacune si on ne les rattachoit pas à cette
chaîne des devoirs des peuples , les uns envers les autres, et des gouvernemens entr'eux.

La connoissance de ces devoirs ne peut
être une science obscure que pour ceux qui
ne se sont pas encore donné la peine de mé-
diter suffisamment la nature humaine et le
but des sociétés. Les vrais principes de ces
obligations seront clairs , évidens , démon-
trés pour tous ceux qui auront réfléchi sur
ces objets importans. Ils trouveront que cette
science n'a rien de surnaturel et de mystérieux, et qu'en remontant à la nature de
l'homme , on peut en déduire un système
politique , un ensemble de vérités intimement liées , un enchaînement de principes
aussi sûrs , que dans aucune des autres con-

noissances humaines. Cette politique, trop souvent méconnue par ceux qui la professent, n'a paru si peu évidente que parce que les notions fausses qu'on s'en est faites, ont empêché de la considérer sous son vrai point de vue. On la trouvera très - simple quand on osera la voir sans préjugé. Les passions, les intérêts imaginaires des princes, les idées métaphysiques de la théologie, les menées ténébreuses des cours, ont sur-tout contribué à faire du droit naturel un cahos impénétrable pour les esprits les plus exercés ; les ténèbres disparoîtront, dès que nous écarterons les voiles de la prévention. Accoutumons-nous à ne juger que de ce que nous pouvons véritablement connoître ; ignorons le reste sans inquiétude, et avouons notre ignorance.

La sociabilité est dans l'homme un sentiment naturel et irrésistible, fortifié par l'habitude et cultivé par la raison. Dès qu'il vit la lumière, il vécut avec ses parens, avec ses frères, avec ses sœurs. Il augmenta lui-même cette société, lorsque la nature eut fait éclore en lui le besoin de se reproduire.

Il est vrai qu'une première famille, en s'augmentant, a dû former peu à peu plusieurs familles, dont les individus, à force de s'éloigner de la tige commune, purent à la fin se méconnoître ; mais elles n'en formèrent pas moins des sociétés particulières, dont les membres s'unirent pour satisfaire leurs besoins mutuels. L'homme fut toujours nécessaire à l'homme : jamais il ne put ignorer ou totalement oublier les avantages qui résultent de la réunion des forces. Toujours il reconnut que l'association étoit propre à lui procurer les biens, et à le mettre en état de résister aux maux que la nature lui fait alternativement éprouver. La crainte seule des objets nouveaux avec lesquels nos yeux ne sont point familiarisés, nous porte à chercher un appui dans nos semblables. La solitude, l'obscurité, le bruit des vents, le vaste silence de la nature, nous alarment, nous inquiètent, et nous forcent à recourir à la société. L'homme, dès qu'il est avec son semblable, se sent plus fort, se croit en sûreté ; il juge, pour ainsi dire, son existence doublée.

Considérons tous les hommes à-la-fois placés dans cet état de nature, auquel on donne une réalité qu'il n'a pas, et oublions les différentes sociétés dans lesquels ils

vivent ; alors nous ne penserons ni aux conventions tacites qu'ils ont faites , ni aux lois
positives qu'ils se sont prescrites , ni aux
gouvernemens qu'ils ont formés. Toutes ces
choses seront à nos yeux comme si elles
n'étoient pas. Nous ne verrons dans les
hommes que les besoins et les facultés qu'ils
tiennent de l'auteur de la nature , et nous
ne pourrons les considérer que sous les rapports qui naissent de ces besoins et de ces
facultés.

Voilà l'état de nature ; c'est une abstrac-
tion qui n'existe que dans notre esprit , et
d'après laquelle nous nous représentons les
hommes sous les seuls rapports que mettent
entre eux les besoins naturels et les facultés
naturelles.

La première loi que reconnoissent les
hommes considérés sous ce point de vue est
de reconnoître qu'ils sont tous égaux ; car ,
dans l'état de nature , aucun d'eux n'a pour
supérieur que le Dieu qui l'a fait.

Delà naît , comme une conséquence, une
seconde loi, que chacun a le même droit à
sa conservation , que personne n'est en droit
de nuire à la conservation d'un autre , et que

chacun ne doit faire à autrui que ce qu'il voudroit qu'il lui fût fait.

On voit que toutes les idées de justice ont pour fondement ces deux premières lois. Elles sont donc indépendantes de toutes conventions expresses ; elles n'en supposent aucune.

Il me semble que n'ayant ni instinct pour nous nourrir comme les animaux, ni armes naturelles comme eux, et végétant plusieurs années dans l'imbécillité d'une enfance, exposée à tous les dangers, le peu qui seroit resté d'hommes échappés aux dents des bêtes féroces, à la faim, à la misère, se seroient bientôt détruits, s'ils n'avoient conçu l'idée de cette justice, qui est le lien de toute société.

Il est donc certain que la notion de quelque chose de juste ou d'injuste leur étoit nécessaire, puisque tous s'accordoient en ce point, dès qu'ils pouvoient agir et raisonner. Cette idée est si naturelle, si universellement acquise par tous les hommes, qu'elle est indépendante de toute loi, de tout pacte, de toute religion. Que je redemande à un Turc, à un Guèbre, à un Malabare l'argent que je lui ai prêté, il ne lui tombera jamais

dans la tête de me répondre : Attendez que
je sache si Mahomet, Zoroastre ou Brama
ordonnent que je vous rende votre argent.
Il conviendra qu'il est juste qu'il me paye;
et s'il n'en fait rien, c'est que sa pauvreté
ou son avarice l'emporteront sur la justice
qu'il reconnoît.

Plus j'ai vu des hommes différens par le
climat, les mœurs, le langage, les lois, le
culte, et par la mesure de leur intelligence,
et plus j'ai remarqué qu'ils ont tous le même
fond de morale. Ils ont tous acquis au moins
une notion grossière de justice dans l'âge
heureux où la raison se déploie, comme ils
ont tous appris naturellement l'art de soulever des fardeaux avec des bâtons, et de
passer un ruisseau sur un morceau de bois
sans avoir appris les mathématiques.

Comment l'Egyptien qui élevoit des py-
ramides, et le Scythe errant qui ne connoissoit pas même les cabanes, auroient-ils
eu les mêmes notions fondamentales du juste
et de l'injuste, si le créateur n'avoit donné
de tout temps, à l'un et à l'autre, cette
raison qui, en se développ ant ,leur fait
appercevoir les mêmes principes nécessaires,
ainsi qu'il leur a donné des organes qui,

lorsqu'ils ont atteint le degré de leur énergie, perpétuent nécessairement, et de la
même façon, la race du Scythe et de l'Egyptien ?

Je crois donc que les idées du juste et de
l'injuste sont aussi claires, aussi univer-
selles que les idées de santé et de maladie,
de vérité et de fausseté, de convenance et
de disconvenance. Les limites du juste et
de l'injuste sont très-difficiles à poser dans
quelques occasions, comme l'état mitoyen
entre la santé et la maladie, entre ce qui
est la convenance ou la disconvenance des
choses, entre le faux et le vrai, est difficile
à marquer ; ce sont des nuances qui se
mêlent, mais les couleurs tranchantes frappent tous les yeux.

Je dois remarquer, en passant, que ces
occasions dont je parle plus haut sont très-
rares parmi les peuples simples ; elles ne sont
nombreuses que parmi les nations policées,
où l'esprit de cupidité et l'amour des jouissances ont compliqué les intérêts de tant de
manières différentes. Aussi les peuples les
plus sauvages sont ceux parmi lesquels il
se commet le moins de crimes : l'enfance
d'une nation est son âge d'innocence, et sa

caducité celui de son plus haut degré de corruption. C'est l'excès du désordre qui donne la première idée des lois. On les doit au besoin, souvent au crime, rarement à la prévoyance.

La loi de la gravitation qui agit sur un astre agit sur tous les astres. Ainsi la loi fondamentale de la morale agit également sur chaque homme et sur toutes les nations bien connues. La connoissance de la vertu restera toujours sur la terre, soit pour nous consoler quand nous l'embrasserons, soit pour nous accuser quand nous violerons ses lois. La voix qui dit à tous les hommes : ne fais point à autrui ce que tu ne voudrois point qu'on te fît, sera toujours entendue d'un bout de l'univers à l'autre.

Voilà les principes sur lesquels toutes les lois positives auroient été fondées, si elles n'avoient jamais été que le développement des lois naturelles. C'est ce que l'ignorance et les passions n'ont pas permis.

Les erreurs des hommes à cet égard ont commencé avec les premiers engagemens, exprès ou tacites, qu'ils ont contractés ; et si enfin ils se sont éclairés dans l'art de se gouverner, ce n'est qu'après avoir passé par bien des révolutions, et avoir reconnu, dans les calamités qu'ils s'attiroient, le faux des préjugés qu'ils avoient pris pour règle.

Nous avons vu que l'état de nature étoit celui où nous considérons les hommes sous les seuls rapports que mettent entre eux leurs besoins naturels et leurs facultés naturelles. C'est un état où ils ne sont encore liés par aucun engagement; mais tous ont besoin d'être secourus, et tous aussi ont le pouvoir de secourir.

Or, il suffit de les considérer sous ce double rapport pour reconnoître qu'ils sont naturellement conduits à former des associations, dans lesquelles chacun, comptant trouver les secours dont il a besoin, s'engage aussi à donner tous les secours qui dépendent de lui.

Jusqu'ici nous avons observé les rapports d'homme à homme dans l'état de nature ou dans une même société. Il reste à observer ces mêmes rapports de nation à nation.

Dans une société civile, l'ordre se maintient assez exactement, parce que les lois, qui sont en général favorables à tous, ont dans le corps de la société une force qui les protège.

Les nations ne sont pas entre elles dans le rapport où sont les membres d'une même société. Elles forment autant de corps indépendans qui, chacun assez puissant pour se conserver, ou qui croyant l'être, ne pensent qu'à se maintenir dans l'indépendance où ils sont les uns des autres.

Les sociétés civiles peuvent subsister sans avoir contracté aucun engagement les unes avec les autres; elles sont donc par elles-mêmes dans l'état de nature. Par conséquent, quelques inégales qu'elles soient en puissance, elles sont égales en ce sens, qu'étant toutes indépendantes, les obligations sont réciproques comme elles le sont d'homme à homme, et les mêmes pour les plus puissantes comme les plus foibles. Si elles sont équitables, elles traiteront donc d'égales à égales, à moins que par des traités ou des usages reçus et reconnus elles ne soient convenues de se distinguer par des titres, par des prééminences, ou par d'autres droits.

Dès que les nations sont par elles-mêmes dans l'état de nature, c'est une conséquence que lorsqu'elles n'ont point encore contracté d'engagemens, la loi naturelle soit l'unique règle de la conduite qu'elles doivent tenir les unes avec les autres. Cette loi, considérée de nation à nation, est ce qu'on nomme plus particulièrement *droit de nature* ou *droit naturel.* Le droit de la nature est donc l'unique fondement du droit des gens et du droit public ; droits si mal éclaircis et si mal observés jusqu'à ce jour ; et par conséquent le droit des gens et le droit public sont injustes, s'ils sont contraires au droit de la nature.

Voilà, je pense, les principes qui devoient régler les droits et les devoirs des nations : mais toute l'histoire fait voir combien ils ont été peu connus, au moins dans la pratique. A la place de ces principes, chaque peuple met ses préjugés, ses habitudes, ses intérêts, ses passions. Dès-lors, les prétentions deviennent des droits, les prétextes sont des raisons, et les entreprises les plus injustes se voilent des apparences de la justice. Les exceptions sont malheureusement bien rares ; en général, l'artifice et la violence semblent faire les droits des nations.

Comment s'est-il pu faire que des hommes qui renoncèrent à leur indépendance et formèrent des sociétés, parce qu'ils sentirent le besoin qu'ils avoient les uns des autres, n'aient pas vu que les sociétés ont les mêmes besoins de s'aider, de se secourir, de s'aimer, et n'en aient pas conclu sur-le-champ qu'elles devoient observer entr'elles les mêmes règles d'ordre, d'union et de bienveillance, que les citoyens d'une même ville entr'eux? Que la raison est lente à profiter des lumières de l'expérience et à secouer le joug de l'habitude, des préjugés et des passions ! Cependant les principes du droit naturel sont simples, clairs et évidens ; la nature les a écrits elle-même en formant l'homme, dont les facultés et les besoins donnés à tous la proclament à chaque instant ; et il y a long-temps que la philosophie, qui, à certains égards, a fait de si grands progrès, devoit ne nous rien laisser à désirer sur la nature des devoirs réciproques des sociétés. Quelques auteurs qui ont traité cette matière, bien loin de chercher la vérité, n'ont voulu que la déguiser. Les uns n'ont osé croire que la politique des puissances de l'Europe fût injuste, les autres n'ont osé le dire. Des écrits faits pour nous instruire n'ont servi qu'à perpétuer notre ignorance et nos préjugés. Pendant qu'on ignore les lois par lesquelles la nature lie tous les hommes ; pendant qu'on ne cherche qu'à établir un droit des nations favorable à l'ambition, à l'avarice, à la force, peut-on être disposé à penser que l'amour de la patrie, subordonné à l'amour de la justice, doit le prendre pour guide ou s'expose à produire de grands malheurs ?

Les lois des nations, qui constituent ce qu'on appelle le droit des gens, ne sont donc que les lois naturelles appliquées aux différentes sociétés, dans lesquelles le genre humain s'est partagé. En effet, dira-t-on que les nations indépendantes les unes des autres n'ont aucuns liens communs qui les unissent, aucuns besoins qui les rendent nécessaires les unes aux autres ? Comme les peuples sont sans juges, comme ils ne sont soumis à aucun tribunal, comme c'est ordinairement la force seule qui décide leurs démêlés, on a confondu le fait avec le droit : l'on a cru que des êtres que rien ne pouvoit contraindre, devoient avoir un code à part et de pure convention. D'après ces faux principes, l'on eut toujours beaucoup de peine à fixer les règles qui devoient les guider dans leur conduite respective. Néanmoins, pour peu que l'on y fasse attention, l'on sentira combien les conséquences de ces principes ont enfanté de maux. Les nations doivent être regardées comme des individus qui se maintiennent dans la grande société du monde par les mêmes lois, que les individus dans chaque société particulière ; il est vrai que les lois civiles ou positives qui lient une société, ne s'étendent point à une autre ; il n'en est pas de même des lois générales faites pour lier toute l'espèce humaine ; celles-ci ne connoissent ni les bornes physiques, ni les bornes politiques que les conventions des hommes ont mis aux différens États.

Ainsi les nations sont toujours soumises aux lois naturelles ; il ne leur est pas plus permis de se nuire, de se détruire, de se priver des avantages dont elles jouissent, qu'il ne l'est à un membre d'une société particulière de nuire à un autre citoyen. Une nation doit à une autre nation, ce qu'un homme doit à un autre homme. Elle lui doit la justice, la bonne foi, l'humanité, le secours, parce qu'elle désire ces choses pour elle-même. Une nation doit respecter la liberté et la propriété d'une autre nation. Enfin, de même que les individus renoncent à une partie de leur indépendance , en faveur des avantages qu'ils reçoivent de la société, une nation doit faire céder une partie de ses droits au droit de toutes les autres nations prises collectivement. Si une société peut tout faire pour se conserver, une autre société doit jouir du même droit. Si la justice est nécessaire à tous les habitans de ce monde, il existe une justice pour les nations comme pour les individus, et c'est elle qui constitue leur loi suprême.

C'est donc sans fondement que l'on a distingué les devoirs des peuples en corps, de ceux qui obligent les individus de l'espèce humaine : l'état de violence , de discorde et de guerre , dans lequel la plupart des sociétés sont presque continuellement les unes avec les autres, a, sans doute, fait prendre le change sur cette importante question ; il a fait naître les maximes d'un commerce de violence et de perfidie que l'on a qualifié de politique. L'on a cru que des êtres qu'aucun pouvoir ne pouvoit forcer de se soumettre à la raison, étoient des êtres différens de tous les autres. Comme on ne voyoit point de peines et de récompenses qui pussent arrêter les passions des sociétés particulières , ces puissans individus de la grande société du monde, on s'est figuré qu'il n'y avoit pour elles que les lois qu'elles consentoient à s'imposer. Mais un peuple qui en attaque un autre sans avoir pour motif sa propre sûreté, un peuple qui n'a pour objet que d'en priver un autre des avantages que la nature ou l'industrie lui procurent, un peuple qui ne cherche qu'à satisfaire son avarice, son ambition, en un mot, ses intérêts particuliers, diffère-t-il en quelque sorte du voleur qui, dans une société particulière, attaque son semblable, lui ravit son bien ? Un peuple qui veut jouir, exclusivement à tous les autres, des avantages nécessaires à tous, n'est-il pas un tyran ? Une nation qui refuse à une autre ce qui est d'une nécessité indispensable à sa conservation, ne mérite-t-elle pas qu'on le lui arrache de vive force ? Ne ressemble-t-elle pas alors à un homme farouche et inhumain, qui refuseroit à un de ses concitoyens les secours les plus nécessaires, sous prétexte qu'il ne lui doit rien ? Une nation qui veut mettre les autres dans sa dépendance, ne mérite-t-elle pas d'être réprimée comme un citoyen qui attenteroit à la liberté d'un autre ? Un peuple qui dé-

truit l'ordre ou l'équilibre que toutes les
nations désirent d'établir entre elles, comme
le gage de leur sûreté, comme le remède à
l'inégalité que la nature a mise entre leurs
forces, ne doit-il pas être regardé comme
un furieux par les peuples qui l'entourent ?
Un peuple qui viole des engagemens solemnels, approuvés et garantis par des Etats
intéressés à la tranquillité publique, ne
peut-il point être puni de la même manière
que le citoyen infidèle, parjure et turbulent
dans la société particulière ? Dans toutes ces
circonstances, la nature autorise le peuple
attaqué, opprimé, ou rejeté, à prendre tous
les moyens de se conserver, de se maintenir
dans ses avantages, de se procurer ceux qui
lui sont nécessaires, de repousser l'oppresseur injuste ; bien plus, il peut le détruire,
si sans cela il lui est impossible de se conserver lui-même : c'est alors l'homme qui
combat une bête féroce. Tels sont les fondemens du droit de la guerre.

Quant aux peines que les lois de la nature
décernent contre les sociétés que leurs passions portent à des crimes, elles sont aussi
terribles qu'assurées : elles payent par l'épuisement de leurs forces, de leur sang, de

leurs trésors , leurs entreprises insensées ; souvent leur propre destruction suit leurs exploits les plus éclatans : d'un autre côté , l'abondance , la prospérité , la paix sont les récompenses des sociétés heureuses qui vivent avec les autres dans la tranquillité et dans l'union qui conviennent à des êtres sociables. Gardons-nous donc de croire qu'il n'y ait point de règles communes pour les nations; elles sont fondées sur une nature qui commande en souveraine à tous les hommes, ainsi qu'à toutes les sociétés qu'ils ont formées. Elle attache des récompenses à l'observation de ces règles , et des châtimens effrayans punissent le mépris qu'on en fait.

Il ne faut point confondre ces lois irrévocables avec les conventions réciproques faites entre les nations, par lesquelles elles sont convenues de mettre des bornes à leurs propres fureurs, même dans le temps où leurs passions sont dans la plus grande effervescence. Ces conventions nous prouvent que les sociétés les plus injustes , au milieu même de leurs excès sont forcées de reconnoître quelquefois l'empire de la nature , de l'humanité , de la raison.

Tout devroit nous convaincre que les sociétés dans lesquelles le genre humain est partagé, peuvent être regardées comme autant de grands individus dont l'assemblage forme la grande société du monde. Les mêmes devoirs que la nature d'un être sociable et raisonnable impose à chaque homme, elle les impose à chaque peuple. Elle a mis entre les nations les mêmes rapports, les mêmes besoins les uns des autres, et par conséquent elles doivent être soumises aux mêmes règles. Enfin, dans la vaste société du genre humain, il est des liens qui unissent aussi étroitement un peuple à un autre peuple, que le citoyen, dans une société particulière est uni à ses concitoyens. Si l'homme doit quelque chose à l'homme, une nation est soumise à des devoirs envers les autres nations; si la nature prescrit les devoirs de l'un, elle prescrit aussi ceux de l'autre. L'expérience et la raison font connoître les règles qui résultent de ces devoirs, et leur assemblage forme un code universel, fait pour commander également à toutes les nations du monde, mais malheureusement méconnu, méprisé ou arbitrairement interprêté par la plupart des cabinets qui décident de la conduite des peuples.

Ainsi n'écoutons plus les maximes corrompues de cette politique inhumaine, qui persuade aux nations et à leurs chefs qu'il n'est point de loi pour ceux qui ont l'exercice du pouvoir suprême, que l'intérêt est l'unique règle de leur conduite, et que la force doit être la seule mesure de leurs droits. Ces idées que la nature et la raison désavouent, fondées sur des passions, sur des avantages passagers, sur des vues retrécies, ne sont faites que pour en imposer à des spéculateurs qui confondent sans cesse le fait avec le droit, ce qui est avec ce qui devroit être, la force avec l'équité.

Si l'on doutoit de cette vérité, que l'on considère les sentimens que font naître chez les nations voisines ces souverains perfides, ces guerriers turbulens, ces conquérans ambitieux que le sort ne place que trop souvent à la tête des Empires. N'excitent-ils pas dans les Etats qui les entourent les mêmes jalousies, les mêmes défiances, la même horreur qu'inspirent les criminels dans la société particulière ? Les peuples ne font-ils point des efforts pour contenir un pouvoir qui leur fait ombrage, pour réprimer des excès qui les inquiètent, pour détruire les objets de leurs justes alarmes ? Le sang des nations gouvernées par des politiques injustes n'expie-t-il pas sans cesse les forfaits de leurs souverains corrompus.

Par une pente fatale et naturelle, ceux qui commandent les peuples sont sujets à des passions, à des frénésies plus ou moins durables qui les rendent sourds à la voix du devoir , aux lois éternelles de la nature. L'homme ignorant ou sans expérience n'envisage que l'intérêt du moment ; incapable de porter ses vues sur l'avenir , il trouve plus court de céder à la passion qui le presse : il faut, pour le contenir , ou une force qui lui en impose , ou une raison exercée qui lui montre les dangers auxquels ses passions l'exposent ; la raison des peuples et de ceux qui les gouvernent , n'est souvent rien moins que développée ; quand ils ne voient aucune force qui puisse les arrêter , ils se livrent imprudemment aux saillies de leurs désirs, excités par des avantages supposés, par l'ambition , et souvent par un motif de vaine gloire qui suffit quelquefois pour mettre l'univers en combustion. Alors ils n'entendent plus l'équité qui leur crie que, jouissant eux-mêmes, ils doivent laisser jouir les autres , qu'ayant eux-mêmes des besoins , ils doivent se prêter à ceux des autres , ils cessent de voir les avantages qui rendent un Etat nécessaire à un autre : ils renoncent à la justice qui servant de rempart mutuel entre les hommes , doit assurer et distinguer leurs possessions réciproques.

Nous-mêmes n'accordons-nous pas toute notre considération aux conquérans ? cependant cette considération n'est autre chose qu'un reste de l'estime que nos pères barbares accordoient aux brigands ; car la conquête ne cesse pas d'être un brigandage , parce qu'au lieu de dépouiller quelques particuliers , elle dépouille les nations et détruit des Empires. qu'on ne dise pas qu'il y a des conquêtes justes. Il y en a en effet ; et c'est lors qu'ayant été nécessité de repousser la force par la force , on a droit de conquérir , parce qu'on a droit à un dédommagement , ou encore parce qu'on a droit d'affoiblir un ennemi qui montre une ambition injuste. Mais nous applaudissons à toutes les conquêtes.

L'étude de l'histoire nous fait connoître l'injustice de la plupart des guerres. C'est l'ambition qui fait prendre les armes , c'est

une fausse idée de gloire, c'est une intrigue
de cabinet, c'est l'intérêt d'un ministre qui
veut se rendre nécessaire, c'est la jalousie
qu'une nation conçoit pour une autre, quelquefois c'est seulement l'inquiétude qu'une
longue paix produit dans un peuple courageux, parce qu'elle le laisse trop long-temps
dans un état tranquille. Ces guerres paroissent encore aujourd'hui faire partie de notre
droit des gens : parce qu'elles ont été usage
dans tous les siècles, elles sont en usage
dans le nôtre. L'usage malheureusement
semble rendre tout légitime.

Par une suite de cet état de guerre, nous
cherchons à nuire, même dans la paix. La
politique qui remplit les intervales de la
guerre, et qui en prépare, accélère ou retarde
les opérations, selon les intérêts présens et
les besoins du moment est dévenue malfaisante par système ; les négociations sont une
guerre de cabinet, les affaires ne sont souvent que des pièges, les traités que des
parjures, les ambassadeurs que des espions
qui avertissent du moment de nuire. Un
politique se croit bien habille lorsqu'il a
fondé pour deux jours ce qu'il appelle la
sûreté de l'État qu'il gouverne sur les troubles.

qu’il a semés dans les États voisins ; lorsqu’il a payé chèrement des traîtres qui peut-être le trahissent lui-même , tandis que l’intérêt de tous les Etats seroit de se livrer réciproquement tous les traîtres comme tous les criminels. Tromper , mentir , est sur-tout une chose qui a paru sublime à bien des politiques, comme si toutes ces petites scélératesses imbéciles ne pouvoient pas se rendre , et ne se rendoient pas tous les jours au centuple.

Ferdinand-le-Catholique , ce tyran devot qui demandoit l’Amérique au pape Alexandre - Six , Ferdinand étoit un bien grand homme, car il disoit de Louis XI : *il se plaint que je l’ai trompé trois fois, il en a bien menti, l’ivrogne, je l’ai trompé plus de dix :* propos aussi imbécile qu’indécent ; et remarquons qu’il exagéroit pour se faire valoir. Mais veut-on entendre un mot bien différent, d’un homme d’État qui vivoit dans un siècle plus éclairé. Dont Louis de Haro disoit du cardinal Mazarin : *il a un grand défaut en politique, il veut toujours tromper.*

On est indigné , en lisant l’histoire , de voir l’univers ainsi trahi par tous ceux qui le gouvernoient. Comme toutes les qualités du cœur et de l'ame sont dégénérées chez les modernes , nous avons presque perdu les véritables idées de toutes choses. Quand il existera une politique , elle sera bien simple , ce sera la justice, ou encore mieux la bienfaisance , qui est la justice suprême ; car il est souverainement juste de faire tout le bien dont on est capable. Pourquoi saisir toutes les occasions de nuire à ses voisins, parce qu'ils ont saisi ou qu'on prévoit qu'ils saisiront toutes celles de nous nuire ? Quel intérêt peut prescrire le soin funeste d'assembler ainsi sur sa tête les fléaux de la haine et de la vengeance. Eh ! consentons à donner l'exemple ; commençons l'expérience du bien , celle du mal est faite ; nous savons ce qu'il a produit et ce qu'il produira.

En parlant toujours de paix , je ne redoute point la guerre pour ma patrie ; je n'offre point , par pitié, la paix à ses ennemis. Mes principes , à cet égard , ne me permettent ni crainte, ni bravade. Sans caractère public et sans mission, traitant ce sujet uniquement par choix et par amour de l'humanité, j'en suis plus libre d'être impartial. Je dis à toutes les nations qu'elles ont toutes un intérêt égal à la paix ; je parle de paix aux hommes ,

parce qu'ils sont hommes, et que la guerre
appartient en propre aux lions et aux tygres.
Homme, qui que tu sois, en quelque pays
que le ciel t'ait fait naître, et sous quelques
lois que tu vives, tu vis avec tes semblables!
leur honheur doit sans cesse t'occuper. Cette
loi, que l'auteur des êtres a gravé lui-même
dans ton cœur, est la première de toutes les
lois; elle existoit avant les gouvernemens;
la formation des sociétés n'en est elle-même
que l'exécution : elle n'eut jamais d'autre
objet que de fournir à tous les hommes les
moyens sûrs et faciles de concourir au bonheur des autres. A présent, qu'oseras tu
dire ? Et cesseras-tu d'être vertueux, parce
que la vertu n'est plus établie par les lois de
ton pays ? Oublie ces rois, ces sénateurs, ces
chefs du peuple, qui, oubliant eux-mêmes
leur destination, changent en poison l'autorité bienfaisante qu'on leur a confié! Pleure
sur l'ambition qui égare leurs conseils; mais
demeure ferme dans ton devoir. Ta patrie, tes
concitoyens, tous les hommes, tes semblables,
ont des droits éternels sur toi ; et sitout le
monde les abandonne, demeure, comme autrefois l'intrépide Ajax, demeure seul pour
les secourir.

FIN.